INTERVENCIÓN PSICOLÓGICA EN TRASTORNO DEL ESPECTRO AUTISTA

Autor: Antonio Luis Maldonado Cervera
Copyright © 2023Alborán Editores

ISBN: 9798862738278

ÍNDICE

INTRODUCCIÓN GENERAL

El presente libro: *Intervención Psicológica en Trastorno de Espectro Autista (TEA)* está dirigido a psicólogos, psiquiatras, pediatras, maestros, pedagogos, educadores, integradores sociales, a cualquier profesional interesado en conocer las características de los niños y niñas con TEA y, sobre todo a los padres y familiares.

La Psicología Clínica Aplicada (Maldonado, A.L., 2001) es un Modelo de Intervención que aplica los principios de la terapia de conducta para conseguir una mayor eficacia de las intervenciones psicológicas. Se parte de propugnar la importancia de la realización de un correcto Psicodiagnóstico apoyado en el diagnóstico diferencial. El principio a seguir es *sin diagnóstico no hay tratamiento.* El psicodiagnóstico guiará la evaluación y el protocolo de tratamiento a seguir: *tratamiento en forma de módulos.*

En TEA son de especial interés dos de los principios de la *Psicología Clínica Aplicada:* las *Cuestiones de Orden en los tratamientos* y la *medición continua de los resultados de la terapia.* Respecto al primero de ellos, si no hemos entrenado previamente lenguaje, no podremos entrenar seguimiento de instrucciones. O si no hemos entrenado atención no podremos entrenar imitación. Respecto al segundo de los principios, la intervención psicológica parte de una evaluación inicial que determinará la *Línea Base* del tratamiento. Esta evaluación debe ser con instrumentos sensibles al cambio terapéutico. Ej. *Juanito sigue la instrucción simple ¡Siéntate! el 45% de las ocasiones.* Después de una intervención dirigida a conseguir dicha conducta, se vuelve a evaluar. Si ahora se sienta ante dicha instrucción el 95% de las veces podremos decir que el entrenamiento de esa conducta ha sido exitoso, en caso contrario, habrá que revisar y modificar el procedimiento.

El presente libro describe el Trastorno del Espectro Autista (TEA), modelos explicativos, pautas para el psicodiagnóstico y el diagnóstico diferencial, los procedimientos de evaluación y las estrategias de intervención basadas en la evidencia disponibles.

En la actualidad, los psicólogos contamos con intervenciones muy eficaces para abordar el TEA, pero, en la realidad, al menos en nuestro contexto, sigue sin hacerse un uso adecuado y generalizado de los tratamientos que han demostrado eficacia y, como en muchos otros trastornos, las intervenciones siguen dominadas por la medicina y la psiquiatría a pesar de que es la terapia de conducta la única que aporta resultados eficaces y duraderos.

En el presente libro, después de veinte años, he vuelto a revisar las intervenciones eficaces o, como se dice hoy: *tratamientos basados en la evidencia* y he llegado a las mismas conclusiones. En la intervención en autismo existe, al menos en España, una desconexión total entre lo que se hace y lo que se debería hacer. Defiendo, también hoy, con base en la literatura, que el tratamiento de elección debe ser el Programa de Loovas (complementado con otras intervenciones que también tendrán su aportación). Por tanto, las características del tratamiento para que sea eficaz deben ser: 1) Inicio temprano, cuanto antes mejor y, siempre que se pueda, en el entorno de los 2 años. 2) Intervención conductual. 3) Tratamiento intensivo e individualizado (al menos 20 horas semanales. Y 4) Con participación e implicación familiar.

Frente a esto, al menos en nuestro contexto, es decir en España (el lector sabrá si las cosas son o no parecidas en su país) lo que ocurre es lo siguiente: 1) Desde la sanidad pública, los Hospitales Maternos Infantiles, donde hay unidades "especializadas", desde la primera cita hasta el diagnóstico pasan más de 3 meses, con suerte. Además, los profesionales rara vez son Analistas de Conducta, sino de otras orientaciones teóricas o de una mezcla de ellas. El sistema público no permite una intervención de 20 horas semanales, sino que, la "intervención" será, con suerte, de una hora semanal. Esto hace que los logros que se podrían conseguir en esos primeros años de vida no se consigan jamás (hay un principio que se suele cumplir casi siempre en autismo y en retraso del desarrollo: *si no conseguimos que se adquiera lenguaje antes de los 5 años de edad será difícil o imposible conseguirlo después).*

Respecto al sistema educativo público oficial, la realidad no es mucho mejor. La educación pública en España está dominada por el principio rector de la *integración* que declaró a extinción los Colegios de Educación Especial. No puedo decir que esté en desacuerdo con el concepto de integración, pero no puedo estar de acuerdo con la forma en que se aplica. Los niños/as con TEA necesitan una intervención intensiva e individualizada. La integración se puede favorecer por medio de otras actividades, pero no a costa de retrasar o no conseguir los objetivos prioritarios (por ej. el lenguaje), que son los que podrán favorecer la verdadera integración familiar, social y en la comunidad.

Los tratamientos eficaces privados, al ser individualizados e intensivos, son caros y no todas las familias pueden asumir ese coste. Pero, además, al contarse con los recursos públicos "oficiales", y las personas confiar en lo público más que en lo privado, lo que ocurre es que son los niños con TEA los que pierden la oportunidad de avanzar en sus objetivos y conseguir la mejor adaptación posible a la comunidad.

Veámoslo con el caso A., con el que tuve contacto hace un año con motivo de la realización de un informe pericial psicológico por un asunto de familia. Con 9 años de edad todavía no había sido correctamente diagnosticado como TEA. Se le habían atribuido los diagnósticos de "trastorno del comportamiento" y "trastorno específico del lenguaje". Durante la escolarización, en los informes disponibles se hacía referencia a muchos comportamientos característicos de TEA (no interaccionar con los compañeros y aislarse mucho tiempo en un rincón, no participar en las actividades, ni en los juegos de grupo, lenguaje no funcional, etc.), pero no se realizó ningún diagnóstico y sólo se le sugirió a la madre que acudiera al pediatra, años después. Cuando por fin empieza a acudir al Hospital Materno Infantil, la psicóloga, en una de las ocasiones, le dice a la madre que *no puede ver a su hijo solo porque no habla...* Ese es el panorama, que podría ilustrar con muchos casos más.

Somos los profesionales de la psicología y la psiquiatría los responsables de dar a conocer el TEA y aplicar, difundir y promover la realización de intervenciones eficaces desde el contexto en el que nos encontremos. Si el sistema público no nos permite hacer una intervención eficaz deberíamos negarnos a dedicar nuestra vida profesional a "poner parches" y hacer huelgas, no para cobrar más, sino para disponer de un contexto laboral que nos permita ejercer nuestra profesión con los recursos y la disponibilidad de tiempo necesarios.

I. INTRODUCCIÓN A LOS TRASTORNOS DEL ESPECTRO AUTISTA

1. INTRODUCCIÓN

A. Evolución Histórica del Concepto de Trastorno del Espectro Autista

Hasta comienzos del siglo XX ningún especialista supo reconocer ni diferenciar del resto de personas con discapacidad intelectual a los "niños locos". No fue hasta entonces, con la aparición de los tribunales de menores, la psicometría, la psiquiatría dinámica y el proceso de higiene mental, cuando se empezó a hablar de "demencia precoz" y "demencia precocísima", lo cual hizo que se les reconociese un estado diferente al resto de personas con discapacidad, atribuyéndoseles una alteración adulta de forma muy precoz.

El primer autor que empleó el término *Trastorno del espectro autista* fue Eugen Bleuler en 1906 (deriva del griego "autos", que significa "sí mismo") para referirse a una alteración del pensamiento de los pacientes en una etapa de la esquizofrenia. Estos pacientes se introducían en su mundo interior, perdiendo el contacto con el exterior. Además, presentaban dificultades en las relaciones normales con los demás y para enfrentarse a situaciones cotidianas. En 1908, Bleuler relaciona el término con una actitud egocéntrica, alejada del entorno, pensar fantástico y, especialmente, en esquizofrénicos.

En 1943, Leo Kanner publica el artículo *"Alteraciones autistas del contacto afectivo"* en el que describe las observaciones realizadas en un grupo de once niños que presentaban un síndrome sin identificar hasta el momento y que él denominó *Trastorno del espectro autista infantil precoz*. Kanner se refiere a tres características principales:

1. Aspecto patognomónico, consistente en una extrema soledad y la incapacidad del niño para vincularse normalmente con los demás desde el principio de la vida.
2. Deseo ansiosamente obsesivo por la preservación de la invariabilidad, siendo muy restringidas las actividades espontáneas.
3. Fracaso en el empleo del lenguaje.

A partir de este momento se hace una diferenciación entre Esquizofrenia de la niñez, referida a pacientes previamente sanos y Trastorno del espectro autista Infantil Precoz, reservado para pacientes en quienes las características ya mencionadas se manifiestan desde el nacimiento o en una primera etapa de la vida. En 1949, Kanner va describiendo la naturaleza de las peculiaridades lingüísticas de los niños autistas, que van desde el lenguaje extraño hasta el mutismo total, utilización de un lenguaje no comunicativo, con alteraciones como la ecolalia y la inversión pronominal. Además, señala como características más destacables el extremo retraimiento del contacto humano, necesidad obsesiva de uniformidad en el ambiente, manipulación habilidosa de objetos y, con frecuencia, una relación afectiva con ellos, apariencia física de inteligencia, habilidades espaciales excepcionales, carencia de imaginación, juegos repetitivos y estereotipados. Para Kanner, el denominador común de este síndrome era la tendencia al aislamiento, al que denominó *soledad autista*, manifestada como evitación directa de las personas o como incapacidad para relacionarse con los demás.

Independientemente, y sin tener conocimiento de este artículo, Asperger publica en 1944 un artículo sobre la "psicopatía autista". Ambos autores describen casos de niños incapaces de mantener relaciones afectivas con el resto de las personas.

B. Definición

En 1977, Rutter define el trastorno del espectro autista en función de una sintomatología común y específica de los niños autistas. Entre estos síntomas se encuentra: el déficit en relaciones sociales, destacando la ausencia de conductas de apego, falta de conductas anticipatorias, alteraciones en el uso social de la mirada, falta de juego cooperativo, fracaso en el establecimiento de vínculos de amistad y falta de empatía, insistencia en la identidad, con la aparición de conductas ritualistas y estereotipadas, pautas de juego muy rígidas, estereotipadas y poco flexibles, oposición y resistencia a cambios en el medio, obsesiones y conductas compulsivas, apego por ciertos objetos, etc. Además, el niño autista presenta alteraciones en conductas prelingüísticas como ausencia del juego simbólico, de gestos comunicativos, alteración en la comprensión del lenguaje hablado, escasez de imitaciones sociales, etc. Todo esto deriva en que algunos autistas no lleguen a adquirir el habla de manera apropiada, caracterizándose ésta por repeticiones sin ninguna finalidad, onomatopeyas, voz monocorde, etc. Además, los autistas presentan buena memoria inmediata y diferida y memoria verbal, que actúa según códigos propios.

C. Epidemiología

El trastorno del espectro autista es un trastorno poco frecuente. Históricamente el trastorno del espectro autista era estimado de 4 a 5 casos por cada 10.000 personas (Lotter, 1966). Investigaciones más recientes, bajo el amparo de criterios diagnósticos más amplios, han calculado una tasa de prevalencia superior, ubicando el trastorno del espectro autista desde 7 a 13 casos por cada 10.000 personas (Gillberg, 1992). Este aumento del trastorno depende especialmente de una mayor detección y sensibilidad hacia el trastorno del espectro autista, de la amplitud de criterios diagnósticos y de considerarlo en el marco de un continuo o espectro (Bryson, 1996; Martos, 2001).

Durante los últimos años, se han detectado incrementos en la prevalencia del TEA. Las publicaciones muestran un incremento desde 4-5/10.000 en los años sesenta hasta 260 o más/10.000 en las primeras décadas del siglo XXI (Hill, Zuckerman, y Fombonne, 2015).

En el Reino Unido los datos indicaron que, de 1964 a 2009, la prevalencia del TEA tuvo un aumento significativo de 4/10.000 a 157/10.000 niños (CDC, 2014). Se observaron tasas relativamente bajas en Suecia y Francia, mostrando prevalencia de 4/10.000 casos de TEA. En Islandia, se encontraron tasas mayores 120/10.000. En Finlandia, 12/10.000 (Becker, Iser, y Fortunato, 2017).La tendencia de crecimiento del TEA también se encontró en Alemania, entre los años 2000 y 2005, donde hubo un incremento de 4/10.000 a 5/10.000 casos (Vicente, 2015). Los datos de la Comunidad Autónoma de Canarias, en España, con una población de 1.090.065, publicados en 2013, reportaron una prevalencia de 61/10.000. En relación al sexo, en este estudio, se encontraron resultados diferentes de las investigaciones publicadas, indicando un promedio de 6 niñas por cada 5 niños diagnosticados. Otra encuesta estimó la prevalencia del TEA, en Estados Unidos, de 200/10.000 nacimientos, es decir, una de cada 50personas nacidas, cumplían criterios diagnósticos de trastorno del espectro autista(Becker, Iser y Fortunato, 2017).En una muestra de niños de 8 años, residentes en 14 lugares de Estados Unidos, en 2008, se destaca la tasa de prevalencia en las regiones de Georgia; aproximadamente 40.000 casos, Carolina del Norte, 22.500 casos, Arizona, 22.500 casos, Maryland y Carolina del Sur, casi 10.000 casos (CDC. Centers for Disease Control and Prevention., 2014). De 1994 a 2005, el número de casos de TEA en tratamiento entre personas de 6 a 21 años aumentó de 22.664 atenciones a193.637. Estos datos, según el Instituto Nacional de Salud estadounidense, probablemente no incluyen todos los casos de TEA, porque algunos niños reciben educación especial para algunos síntomas determinados, similares a los del trastorno del espectro autista, como, por ejemplo, la terapia de lenguaje, los que se podrían incluir como nuevos casos (CDC. Centers for Disease Control and Prevention, 2014).

En Estados Unidos, hubo un aumento significativo de los diagnósticos de TEA, siendo de 0.7/10.000 entre 1962 y 1967 y, en 2011 y 2012, de 200/10.000. Los datos sobre el TEA, recabados en los Estados Unidos, en 2014, demuestran que el número estimado de niños identificados con TEA continúa aumentando. En diversas áreas de los Estados Unidos, los estudios apuntan a que 1 de cada 68 niños cumplen criterios diagnósticos de TEA. En estos estudios, se encontró que los niños tenían una probabilidad casi cinco veces mayor que las niñas. Asimismo, los niños blancos son más propensos que los niños de etnia subsahariana o hispanos y la mayoría de ellos sólo fueron diagnosticados después de los 4 años. La literatura refiere que cada 17 minutos nace un niño con TEA. Se calcula que existen 70 millones de personas con este trastorno. Además, hay que considerar que cada año se diagnostican más niños con trastorno del espectro autista que niños con VIH, cáncer y/o diabetes.

El trastorno del espectro autista es más frecuente entre hombres que entre mujeres (aproximadamente, 3 o 5 hombres por cada mujer con trastorno del espectro autista) (APA, 1994). En un principio, se entendía el trastorno del espectro autista como más frecuente en clases sociales altas. Investigaciones posteriores han revelado que no existen diferencias entre clases sociales (Gillberg, 1992).

D. Curso

El inicio del TEA, por definición, debe ser previo a los 3 años de edad, aunque, en muchos casos, se identifica desde los primeros meses de vida. Es más raro un desarrollo normal hasta el primer o segundo año. El inicio puede ser brusco o insidioso.

El curso del trastorno es continuo, las capacidades intelectuales y las lingüísticas son los factores relacionados más significativamente con el pronóstico a largo plazo. Solamente un pequeño porcentaje llega a vivir autónomamente en su vida adulta.

2. CRITERIOS DIAGNOSTICOS DEL TRASTORNO DEL ESPECTRO AUTISTA Y LOS TRASTORNOS GENERALIZADOS DEL DESARROLLO SEGÚN EL DSM-IV-TR (APA,2000).

A. Diagnóstico de Trastorno Autista

A. Un total de 6 (o más) ítems de (1), (2) y (3). Por lo menos dos ítems de (1) y 1 ítems de (2) y (3).

(1) Alteración cualitativa de la interacción social, manifestada, al menos, por dos de las siguientes características:
- Importante alteración del uso de múltiples comportamientos no verbales (contacto ocular, expresión facial, postura corporal y gestos reguladores de la interacción social).
- Incapacidad para desarrollar relaciones con sus compañeros adecuadas a su nivel de desarrollo.
- Ausencia de la tendencia espontánea para compartir con otras personas, disfrutes, intereses y objetivos (p.ej. no mostrar, traer o señalar objetos de interés).
- Falta de reciprocidad social o emocional.

(2) Alteración cualitativa de la comunicación manifestada al menos por dos de las siguientes características:
- Retraso o ausencia total del desarrollo del lenguaje oral (no acompañado de intentos para compensarlo mediante modos alternativos de comunicación, tales como gestos o mímica).
- En sujetos con habla adecuada, alteración importante de la capacidad para iniciar o mantener una conversación con otros.
- Utilización estereotipada y repetitiva del lenguaje o lenguaje idiosincrásico.
- Ausencia de juego realista espontáneo, variado o juego imitativo social propio del nivel de desarrollo.

(3) Patrones de comportamiento, intereses y actividades restringidos, repetitivos y estereotipados manifestados por lo menos mediante una de las siguientes características:
- Preocupación absorbente por uno o más patrones estereotipados y restrictivos de interés que resulta anormal, ya sea en su intensidad o en su objetivo.
- Adhesión aparentemente inflexible a rutinas o rituales específicos no funcionales.

- Manierismos motores estereotipados y repetitivos (p.ej. sacudir o girar las manos o dedos o movimientos complejos de todo el cuerpo).
- Preocupación persistente por partes de objetos.

B. Retraso o funcionamiento anormal en por lo menos una de las siguientes áreas, que aparece antes de los tres años de edad: interacción social, lenguaje usado en la comunicación social o juego simbólico o imaginativo.

C. El trastorno no se explica mejor por la presencia de un trastorno de Rett o de un Trastorno Desintegrativo Infantil.

B. Diagnóstico del Trastorno de Rett

A. Todas las características siguientes:
- Desarrollo prenatal y perinatal aparentemente normal.
- Desarrollo psicomotor aparentemente normal durante los primeros 5 meses después del nacimiento.
- Circunferencia craneal normal en el nacimiento.

B. Aparición de todas las características siguientes después del periodo de desarrollo normal:
- Desaceleración del crecimiento craneal entre los 5-48 meses.
- Pérdida de habilidades manuales intencionales previamente adquiridas entre los 5 y 30 meses de edad, con el subsiguiente desarrollo de movimientos manuales estereotipados (escribir o lavarse las manos).
- Pérdida de implicación social en el inicio del trastorno (aunque con frecuencia la interacción social se desarrolla posteriormente).
- Mala coordinación de la marcha y los movimientos del tronco.
- Desarrollo del lenguaje expresivo y receptivo gravemente afectado, con retraso psicomotor grave.

C. Diagnóstico del Trastorno Desintegrativo Infantil

A. Desarrollo aparentemente normal durante por lo menos los primeros 2 años posteriores al nacimiento, manifestado por la presencia de comunicación verbal y no verbal, relaciones sociales, juego y comportamiento adaptativo apropiados a la edad del sujeto.

B. Pérdida clínicamente significativa de habilidades previamente adquiridas (antes de los diez años de edad) en por lo menos dos de las siguientes áreas:
   - Lenguaje expresivo o receptivo
   - Habilidades sociales o comportamiento adaptativo
   - Control intestinal o vesical
   - Juego
   - Habilidades motoras

C. Anormalidades en por lo menos dos de las siguientes áreas:
   - Alteración cualitativa de la interacción social.
   - Alteraciones cualitativas de la comunicación.
   - Patrones de conducta, intereses y actividades restrictivos, repetitivos y estereotipados, en los que se incluyen estereotipias motoras y manierismos.

D. El trastorno no se explica mejor por la presencia de otro trastorno generalizado del desarrollo o esquizofrenia.

D. Diagnóstico del Trastorno de Asperger

A. Alteración cualitativa de la interacción social manifestada al menos por dos de las siguientes características:
   - Importante alteración del uso de múltiples comportamientos no verbales como contacto ocular, expresión facial, posturas corporales y gestos reguladores de la interacción social.
   - Incapacidad para desarrollar relaciones con los compañeros apropiadas al nivel de desarrollo del sujeto.
   - Ausencia de la tendencia espontánea a compartir disfrutes, intereses y objetivos con otras personas.
   - Ausencia de reciprocidad social y emocional.

B. Patrones de comportamiento, intereses y actividades restrictivos, repetitivos y estereotipados, manifestados al menos por una de las siguientes características:
  - Preocupación absorbente por uno o más patrones de interés estereotipados y restrictivos que son anormales, sea por su intensidad, sea por su objetivo.
  - Adhesión aparentemente inflexible a rutinas específicas o rituales específicos, no funcionales.
  - Manierismos motores estereotipados y repetitivos (girar las manos, sacudirlas, movimientos complejos del cuerpo).
  - Preocupación persistente por partes de objetos.
C. El trastorno causa un deterioro clínicamente significativo de la actividad social, laboral y otras áreas importantes de la actividad del individuo
D. No hay retraso general del lenguaje clínicamente significativo.
E. No existe retraso clínicamente significativo del desarrollo cognoscitivo ni del desarrollo de habilidades de autoayuda propias de la edad, comportamiento adaptativo y curiosidad acerca del ambiente durante la infancia
F. No cumple los criterios de otro trastorno generalizado del desarrollo ni de esquizofrenia.

3. DSM-V: NOVEDADES Y CRITERIOS DIAGNÓSTICOS

Con motivo de mejorar, tanto el diagnóstico como la comunicación entre profesionales, entre otras cosas, en el DSM-5 (A.P.A., 2013) se han introducido varios cambios asociados a la organización de los diferentes trastornos:

Para empezar, se elimina la categoría de *Trastornos de Inicio en la Infancia, la Niñez o Adolescencia* y es sustituida por la de *Trastornos del Desarrollo Neurológico.*

En lo que respecta a los TEA., estos cambios han provocado una considerable controversia, ya que, el grupo de Trastornos Generalizados del Desarrollo del DSM-IV-TR, se unifica en el DSM V con un solo nombre (Trastornos del Espectro Autista), desapareciendo los nombres de cada trastorno. Este cambio responde a una visión dimensional en la evaluación del trastorno en sus diferentes áreas (aunque también utilizan sistemas categoriales), y a la dificultad de establecer límites entre los subgrupos, como por ejemplo entre Síndrome de Asperger y Trastorno del espectro autista de Alto Funcionamiento o Trastorno Desintegrativo Infantil del Trastorno del espectro autista con Regresión.

Por otro lado, el Síndrome de Rett, deja de estar presente en la categoría de los TEA, y se presenta como independiente, debido a que los síntomas autistas que presentan las personas con dicho trastorno no permanecen en el tiempo.

También han sido modificados los criterios diagnósticos: las alteraciones sociales y comunicativas se unifican, pero se mantiene el criterio referido a la rigidez mental y del comportamiento.

A. Criterios Diagnósticos DSM-V del Trastorno del Espectro Autista (TEA).

En el DSM-V se proponen los siguientes criterios diagnósticos para el TEA:

A. Déficits persistentes en comunicación social y en la interacción social en diversos contextos, manifestado por lo siguiente, actualmente o por los antecedentes (los ejemplos son ilustrativos, pero no exhaustivos):

1. Las deficiencias en la reciprocidad socioemocional, varían, por ejemplo, desde un acercamiento social anormal y fracaso de la conversación normal en ambos sentidos, pasando por la disminución en intereses, emociones o afectos compartidos, hasta el fracaso en iniciar o responder a interacciones sociales.

2. Las deficiencias en las conductas comunicativas no verbales utilizadas en la interacción social, varían, por ejemplo, desde una comunicación verbal y no verbal poco integrada, pasando por anomalías del contacto visual y del lenguaje corporal o deficiencias de la comprensión y el uso de gestos, hasta una falta total de expresión facial y de comunicación no verbal.

3. Las deficiencias en el desarrollo, mantenimiento y comprensión de las relaciones, varían, por ejemplo, desde dificultades para ajustar el comportamiento en diversos contextos sociales, pasando por dificultades para compartir juegos imaginativos o para hacer amigos, hasta la ausencia de interés por las personas.

Especificar la gravedad actual:

La gravedad se basa en deterioros de la comunicación social y en patrones de comportamiento restringidos y repetitivos.

B. Patrones repetitivos y restringidos de comportamiento, intereses o actividades, que se manifiestan en dos o más de los siguientes puntos, actualmente o por los antecedentes (los ejemplos son ilustrativos, pero no exhaustivos):

1. Movimientos, utilización de objetos o habla estereotipados o repetitivos (p. ej., estereotipias motoras simples, alineación de los juguetes o cambio de lugar de los objetos, ecolalia, frases idiosincráticas).

2. Insistencia en la monotonía, excesiva inflexibilidad de rutinas o patrones ritualizados de comportamiento verbal o no verbal (p. ej., gran angustia frente a cambios pequeños, dificultades con las transiciones, patrones de pensamiento rígidos, rituales de saludo, necesidad de tomar el mismo camino o tomar los mismos alimentos cada día).

3. Intereses muy restringidos y fijos que son anormales en cuanto a su intensidad o foco de interés (p. ej., fuerte apego o preocupación por objetos inusuales, intereses excesivamente circunscritos o perseverantes).

4. Hiper o hiporreactividad a los estímulos sensoriales o interés inhabitual por aspectos sensoriales del entorno (p. ej., indiferencia aparente al dolor/temperatura, respuesta adversa a sonidos o texturas específicos, olfateo o palpación excesiva de objetos, fascinación visual por las luces o el movimiento).

Especificar la gravedad actual:

La gravedad se basa en deterioros de la comunicación social y en patrones de comportamiento restringidos y repetitivos.

C. Los síntomas deben estar presentes en las primeras fases del periodo de desarrollo (pero pueden no manifestarse totalmente hasta que la demanda social supera las capacidades limitadas, o pueden estar enmascaradas por estrategias aprendidas en fases posteriores de la vida).

D. Los síntomas causan un deterioro clínicamente significativo en lo social, laboral u otras áreas importantes del funcionamiento habitual.

E. Estas alteraciones no se explican mejor por la discapacidad intelectual (trastorno del desarrollo intelectual) o por el retraso global del desarrollo. La discapacidad intelectual y el trastorno del espectro autista con frecuencia coinciden; para hacer diagnósticos de comorbilidades de un trastorno del espectro autista y discapacidad intelectual, la comunicación social ha de estar por debajo de lo previsto para el nivel general de desarrollo.

Especificar si:

Con o sin déficit intelectual acompañante

Con o sin deterioro del lenguaje acompañante

Asociado a una afección médica o genética, o a un factor ambiental conocidos

Asociado a otro trastorno del neurodesarrollo, mental o del comportamiento

Con catatonía

De esta forma, en el DSM-V, cambia el número de síntomas racionalizados de 12 a 7 mediante la fusión de los criterios que se superponen o describen comportamientos similares (por ejemplo, limitada reciprocidad socio-emocional, limitado intercambio de intereses y reducida interacción en la conversación se combinan en un síntoma de reciprocidad) y la eliminación de los síntomas que no son específicos de los TEA (por ejemplo, retraso en el desarrollo del lenguaje).

Así, los criterios diagnósticos DSM-V del TEA, se organizan en dos dimensiones centrales; déficit en la comunicación e interacción social y patrones de comportamientos restringidos, repetitivos y estereotipados, que los acompañan durante toda su vida de manera variable. Asimismo, establece tres niveles de gravedad fundamentado en los déficits de las dos dimensiones en que se organizan los criterios determinando el nivel de apoyo necesario para el planteamiento de la intervención y nivel de discapacidad que se debe indicar en el diagnóstico.

El diagnóstico precoz del TEA permite iniciar un tratamiento intensivo temprano y lograr un efecto positivo en la adquisición de repertorios de conducta adaptativos del niño/a.

Realizar el diagnóstico del TEA es complejo, por su particularidad, en cómo se manifiesta y cómo se expresan los síntomas a lo largo de las diferentes etapas evolutivas. Además, no existe un biomarcador específico para este trastorno, lo que implica que el psicodiagnóstico se tiene que realizar basándose en criterios clínicos. El proceso que derivará en el psicodiagnóstico se inicia, necesariamente, a partir de las personas que comparten el día a día con el niño, como son los padres y profesores. Éstos, tras detectar conductas disfuncionales por déficit o exceso y no coherentes con lo esperado según la edad del niño/a son quienes derivarán a los recursos públicos (en nuestro contexto, a Salud Mental Infantil). El primer obstáculo para conseguir el psicodiagnóstico precoz y la intervención temprana es que la mayoría de los padres no disponen de la información necesaria para detectar estos comportamientos (muchas veces sutiles). Pero, además, por desgracia, muchos Maestros de Educación Infantil, tampoco disponen de los conocimientos necesarios para esta detección precoz.

Los criterios de diagnóstico clínico del TEA se encuentran,también, en la Clasificación Internacional de Enfermedades, décima edición (CIE-10), con adaptaciones en su edición CIE-11 (World Health Organization, 2018) que entró en vigor el 1 de enero del 2022, incorporando el término "Trastorno del Espectro Autista".

Los criterios de gravedad, en función de diferentes niveles, como veremos más adelante, captan mejor la naturaleza de espectro del trastorno y las variaciones inter-individuales, que difieren menos en calidad que en cantidad, por ejemplo, la intensidad y duración de los síntomas, el grado de deterioro y la angustia que causan.

Tabla 1. Niveles de Gravedad del TEA según el DSM-V

Niveles de Gravedad	Comunicación Social	Comportamientos restringidos y repetitivos
Grado 3: "Necesita ayuda muy notable".	Deficiencias graves de las aptitudes de comunicación social, verbal y no verbal, causan alteraciones graves del funcionamiento. Inicio muy limitado de las interacciones sociales y respuesta mínima a la apertura social de otras personas.	La inflexibilidad extrema de comportamiento, u otros comportamientos restringidos/repetitivos. Ansiedad intensa/dificultad para cambiar el foco de acción.
Grado 2: "Necesita ayuda notable"	Deficiencias notables de las aptitudes de comunicación social, verbal y no verbal. Problemas sociales aparentes, incluso con ayuda in	La inflexibilidad de comportamiento, la dificultad de hacer frente a los cambios u otros comportamientos restringidos/repetitivos aparecen con frecuencia.

	situ.Inicio limitado de interacciones sociales y reducción de respuesta o respuestas no normales a la apertura social de otras personas.		Ansiedad y/o dificultad para cambiar el foco de acción.
Grado 1: "Necesita ayuda"	Sin ayuda in situ, las deficiencias en la comunicación social causan problemas importantes. Dificultad para iniciar interacciones sociales y ejemplos claros de respuestas atípicas o insatisfactorias a la apertura social de otras personas. Puede parecer que tiene poco interés en las interacciones sociales.		La inflexibilidad de comportamiento causa una interferencia significativa. Dificultad para alternar actividades. Los problemas de organización y de planificación dificultan la autonomía.

Con el objetivo de favorecer la detección precoz del TEA podemos tener en cuenta algunos indicadores como los propuestos por el Ministerio de Sanidad. Servicios Sociales e Igualdad en 2016 y que exponemos en la Tabla 2 y el compendio de indicadores, propuesto por la misma fuente y descrito en la Tabla 3.

Tabla 2. Señales de alerta para la detección precoz del TEA.

Edad	*Señales de alerta*
12 meses	No balbucea, no hace gestos (señalar, decir adiós con la mano).
18 meses	No dice palabras sencillas.
24 meses	No dice frases espontáneas de

	dos palabras (no ecolálicas).
No específica	Cualquier pérdida de habilidades del lenguaje o a nivel social a cualquier edad.

Tabla 3. Compendio de señales de alerta para la detección precoz del TEA.

Edad	Signos de alarma
Antes de los 12 meses	Poca frecuencia del uso de la mirada dirigida a personas. No muestra anticipación cuando va a ser cogido. Falta de interés en juegos interactivos simples como el "cucu-tras" o el "toma y daca". Falta de sonrisa social. Falta de ansiedad ante los extraños sobre los 9 meses.
Después de los 12 meses	Menor contacto ocular. No responde a su nombre. No señala para "pedir algo" (protoimperativo). No muestra objetos. Respuesta inusual ante estímulos auditivos. Falta de interés en juegos interactivos simples como el "cucu-tras" o el "toma y daca". No mira hacia donde otros señalan. Ausencia de imitación espontánea. Ausencia de balbuceo social/comunicativo como si conversara con el adulto.
Entre 18 y 24 meses	No señala con el dedo para "compartir un interés" (protodeclarativo). Dificultades para seguir la mirada del adulto. No mirar hacia donde otros señalan. Retraso en el desarrollo del lenguaje comprensivo y/o expresivo. Falta de juego funcional con juguetes o presencia de formas repetitivas de juego con objetos ej. Alinear, abrir y cerrar, encender y apagar, etc.). Ausencia de juego simbólico. Falta de interés en otros niños o hermanos. No suele mostrar objetos. No responde cuando se le llama. No imita ni repite gestos o acciones que otros hacen (ej. muecas, aplaudir). Pocas expresiones para compartir afecto positivo. Antes usaba palabras, pero ahora no (regresión en el lenguaje). Pierde habilidades que había adquirido.
Mayores de 36 meses	*Comunicación:* Ausencia o retraso en el lenguaje o déficit en el desarrollo del lenguaje no compensado por otros modos de comunicación. Uso estereotipado o repetitivo del lenguaje como ecolalia o referirse a sí

	mismo en 2ª o 3ª persona. Entonación anormal. Pobre respuesta a su nombre. Déficit en la comunicación no verbal (ej. no señalar y dificultad para compartir un "foco de atención" con la mirada). Fracaso en la sonrisa social para compartir placer y responder a la sonrisa de los otros. Consigue cosas por sí mismo, sin pedirlas. Antes usaba palabras, pero ahora no. Ausencia de juegos de representación o imitación social variados y apropiados al nivel de desarrollo. *Alteraciones sociales:* Imitación limitada (ej. Aplaudir) o ausencia de acciones con juguetes o con otros objetos. No "muestra" objetos a los demás. Falta de interés o acercamientos extraños a los niños de su edad. Escaso reconocimiento o respuesta a la felicidad o tristeza de otras personas. No se une a otros en juegos de imaginación compartidos. Fracaso a la hora de iniciar juegos simples con otros o participar en juegos sociales sencillos. Preferencia por actividades solitarias. Relaciones extrañas con adultos desde una excesiva intensidad a una llamativa indiferencia. Escasa utilización social de la mirada. *Alteraciones de los intereses, actividades y conductas:* Insistencia en rutinas y/o resistencia a los cambios en situaciones poco estructuradas. Juegos repetitivos con juguetes (ej. Alinear objetos, encender y apagar luces, etc.). Apego inusual a algún juguete u objeto que siempre lleva consigo, lo que interfiere en su vida cotidiana. Hipersensibilidad a los sonidos, al tacto y ciertas texturas. Respuesta inusual al dolor. Respuesta inusual ante estímulos sensoriales (auditivos, olfativos, visuales, táctiles y del gusto). Patrones posturales extraños como andar de puntillas. Estereotipias o manierismos motores.
Mayores de 5 años	*Alteraciones de la comunicación:* Desarrollo deficiente del lenguaje, que incluye mutismo, entonación rara o inapropiada, ecolalia, vocabulario inusual para su edad o grupo social. En los casos en que no hay deficiencias en el desarrollo del lenguaje existe uso limitado del lenguaje para comunicarse y tendencia a hablar espontáneamente sólo sobre temas específicos de su interés (lenguaje fluído pero poco adecuado al

	contexto).
	Alteraciones sociales: Dificultad para unirse al juego de los otros niños o intentos inapropiados de jugar conjuntamente. Limitada habilidad para apreciar las normas culturales (en el vestir, estilo del habla, intereses, etc.). Los estímulos sociales le producen confusión o desagrado. Relación con adultos inapropiada (demasiado intensa o inexistente). Muestra reacciones extremas ante la invasión de su espacio personal o mental (resistencia intensa cuando se le presiona con consignas distintas a su foco de interés). *Limitación de intereses, actividades y conductas:* Ausencia de flexibilidad y juego imaginativo cooperativo, aunque suela crear solo/a ciertos escenarios imaginarios (copiados de los vídeos o dibujos animados). Dificultad de organización en espacios poco estructurados. Falta de habilidad para desenvolverse en los cambios o situaciones poco estructuradas, incluso en aquellas en las que los niños disfrutan como excursiones del colegio, cuando falta una profesora, etc. Acumula datos sobre ciertos temas de su interés de forma restrictiva y estereotipada. *Otros rasgos:* Perfil inusual de habilidades y puntos débiles (por ejemplo, habilidades sociales y motoras escasamente desarrolladas, torpeza motora gruesa).El conocimiento general, la lectura o el vocabulario pueden estar por encima. Cualquier historia significativa de pérdida de habilidades de la edad cronológica o mental. Ciertas áreas de conocimientos pueden estar especialmente desarrolladas, mostrando habilidades sorprendentes en áreas como matemáticas, mecánica, música, pintura, escultura.

En el DSM.V también se desarrolla una nueva categoría de Trastorno de la Comunicación Social (fuera del espectro del autismo) para proporcionar una cobertura de diagnóstico para los niños que presentan sólo problemas de comunicación social y no muestran los comportamientos repetitivos y estereotipados de los TEA.

B. Diferencias entre TGD y TEA

El trastorno del espectro autista, conceptualmente, ha cambiado durante las últimas décadas, siendo lo más relevante, en este periodo de tiempo, su incorporación, en 1980, en el DSM-III, bajo la categoría "Trastorno profundo del desarrollo" y, posteriormente, como "Trastorno Generalizado del Desarrollo" (TGD).

Vamos a aclararnos un poco con la terminología utilizada y el uso de TGD y TEA.Para empezar, el término TGD es el utilizado por las clasificaciones internacionales admitidas, como la Organización Mundial de la Salud (OMS) o la Asociación Americana de Psiquiatría (APA), con el fin de clasificar el trastorno.

A la vista de todas las dificultades que plantea la clasificación de los trastornos generalizados del desarrollo, Lorna Wing propone el concepto de continuo o "espectro autista". Por tanto, los TEA son *un amplio continuo de trastornos con diversidad en su presentación clínica y con alteraciones cognitivas y neuroconductuales en común*".

Este concepto se deriva de los resultados de un riguroso estudio epidemiológico, realizado en el sur de Londres, dirigido por Wing y Gould (1979). A partir de estos resultados, Wing (1988) plantea la utilidad de considerar al trastorno del espectro autista como un continuo o un espectro que incluye a las personas con trastorno autista (síndrome de Kanner) y a todos aquellos que presentan un conjunto de síntomas en determinadas dimensiones psicológicas.

Debido a este problema, comenzó a utilizarse el término "Trastorno del Espectro Autista" (TEA) en el que se considera y se refleja la dimensionalidad del trastorno.

Según Lord y Risi (2000) la noción de *"espectro"* asume que, hasta que se encuentren marcadores biológicos, el *trastorno del espectro autista* es el prototípico o nuclear. Otros trastornos se solapan con este prototipo aumentando o disminuyendo en gravedad o aumentando el número de dominios afectados.

Por lo tanto, podemos decir que apenas existen diferencias entre estas dos nominaciones: mientras que TGD es la clasificación del DSM-IV que etiqueta los casos clásicos (que cumplen con la mayor cantidad de criterios), TEA es un término general que agrupa a las etiquetas diagnosticas del TGD y todos los intermedios entre ellos (que podríamos decir que son la mayoría). El término TEA reemplaza en el DSM-V al término TGD.

Al referirse a TEA o TGD podríamos decir que nos estamos refiriendo al mismo conjunto de trastornos, sólo que clasificados de forma diferente.

Actualmente, se utilizan los dos términos de forma sinónima para referirse a un amplio espectro de trastornos neuroevolutivos que pueden presentar alteraciones en la tríada (*Juan Martos y Ángel Rivière. "Trastorno del espectro autista: Comprensión y explicación actual"; 21-22*), aunque nosotros utilizaremos el de TEA debido a que es un nombre más apropiado porque refleja la relación entre el Trastorno Autista y otros trastornos que comparten la mayoría de síntomas sin ser propiamente autismo.

También porque este término sustituye al de *Trastornos Generalizados del Desarrollo* en el DSM-V. Los trastornos generalizados del desarrollo se clasifican, de acuerdo al DSM IV-TR (Manual Diagnóstico y Estadístico de los Trastornos Mentales), en:

1. Trastorno Autista (TA).
2. Trastorno de Asperger.
3. Trastorno Autista no Identificado.
4. Trastorno de Rett.
5. Trastorno Desintegrativo Infantil.

Estos trastornos revelan una patología neuropsíquica predominante en la infancia. Sin embargo, en el trastorno del espectro autista resulta muy complejo regirse por un principio preciso, al contrario que las enfermedades con un conciso marcador biológico. En dieciséis estudios, llevados a cabo por Wing (1993), se hallaron prevalencias que variaban entre el 0,33 y el 1,6 por 1.000. Cuando se realizan estudios que valoran el autismo como un espectro, se encuentra una prevalencia 5 veces mayor que cuando se hace, estrictamente, con el trastorno autista

(TA). Además, la prevalencia del trastorno del espectro autista, según estudios posteriores, se hallaba entre el 1 y el 2,6 por 1.000.

En cuanto a los TGD, éstos constituyen una categoría, en la que se incluía un gran número de personas con trastorno del espectro autista, las cuales presentaban características del espectro autista que no llegaban a cumplir los criterios diagnósticos del TA o SA. Era frecuente que, debido a la inexactitud de la conceptualización de TGD, se llevaran a cabo diagnósticos e intervenciones incorrectas.

C. Diagnóstico Diferencial

El hecho de que el trastorno del espectro autista comparta diversos síntomas con otras alteraciones infantiles, la comorbilidad con otras alteraciones tanto psíquicas como orgánicas y la gran heterogeneidad del cuadro, hace complicado la tarea de realizar el psicodiagnóstico diferencial.

El psicodiagnóstico diferencial debe realizarse, fundamentalmente, respecto a los siguientes trastornos:

Esquizofrenia infantil

La esquizofrenia tiene un inicio más tardío, suele situarse entre los 5 y 15 años. No tiene las características del trastorno autista, sino que se asemeja a la esquizofrenia adulta. Y, además, existen otras distinciones secundarias como el caso de tener antecedentes familiares de esquizofrenia o alguna otra psicosis, la buena respuesta al tratamiento con antipsicóticos, una mala salud física, un C.I. normal, rendimiento motor deficiente y períodos de remisión en el caso de la esquizofrenia infantil. Hay que tener en cuenta que ambos diagnósticos pueden darse conjuntamente.

Disfasia evolutiva

En la disfasia evolutiva se produce un retraso en la adquisición del lenguaje y la articulación. Así, los niños disfásicos, al igual que los autistas, presentan alteraciones como las ecolalias, la inversión pronominal y los déficits en la comprensión. Pero es claro que los déficits de los niños autistas son más pronunciados y afectan a otras áreas del desarrollo, como son las relaciones sociales (en el caso de los niños con disfasia pueden aparecer alteraciones sociales, pero son secundarias a la alteración del lenguaje) y los patrones conductuales (rituales y estereotipados).

Discapacidad intelectual

Existe una alta comorbilidad entre ambos trastornos (aproximadamente el 75% de los niños autistas presentan discapacidad intelectual). Los niños con retraso del desarrollo conservan su capacidad para interactuar con el mundo social y de comunicarse con él, siendo evidentes sus intentos de interactuar y su motivación por comunicarse. Los niños con discapacidad intelectual tienen una limitación en todas las habilidades, mientras que los autistas pueden tener potenciadas algunas capacidades como puede ser la capacidad para la música, las matemáticas o las manualidades. Los niños autistas no suelen presentar alteraciones en el desarrollo físico, cosa que ocurre en muchos niños con discapacidad intelectual.

Trastorno Específico del Lenguaje

En el caso del trastorno específico del lenguaje nos encontraremos déficits en el área del lenguaje, pero no en la interacción social. Tampoco aparecen manierismos, preferencia por objetos o partes de ellos, déficit en las habilidades sociales no verbales o conductas ritualizadas.

Otros trastornos

Al realizar la evaluación dirigida al psicodiagnóstico y al psicodiagnóstico diferencial también tendremos que considerar el *trastorno por déficit de atención e hiperactividad.*

Algunos de los patrones de comportamiento característicos de ambos trastornos podrían confundirse, sin embargo, en el TDAH no encontraremos ni déficit en la comunicación y la interacción social ni patrones de comportamiento repetitivos o estereotipados. En caso de cumplimiento de criterios de ambos trastornos se podrán diagnosticar de forma concurrente.

El *trastorno negativista desafiante,* debido al no seguimiento de instrucciones y la irritabilidad-agresividad que suele asociarse también podría confundirse con el TEA. Igualmente, habrá que prestar atención a la presencia de los patrones de comportamiento característicos de los TEA.

En la evaluación dirigida al psicodiagnóstico también hay que considerar la presencia de depresión, ansiedad, TOC, insomnio, etc., trastornos que se pueden presentar en comorbilidad en un porcentaje considerable de los casos de TEA.

D. Hipótesis explicativas

Las causas del trastorno del espectro autista, al considerarse un trastorno multicausal, se pueden organizar en los siguientes bloques:

1. Teorías que apelan a factores del ambiente social o a factores psicológicos.

2. Anomalías Cognitivas y otras teorías desde una perspectiva cognoscitiva.

3. Problemas o disfunciones biológicas.

Teorías del ambiente social o factores psicológicos

Una de las primeras explicaciones del trastorno del espectro autista fue elaborada por Kanner (1943). Este autor indicaba la existencia de una "personalidad desviada en los padres" que conllevaba una relación fría entre padres e hijos. Esta aproximación enfatizaba la escasa dedicación de las familias a sus hijos, al ser padres de nivel intelectual alto y "consagrados" a sus profesiones.

Esta aproximación, pese a la carencia de apoyos empíricos, se mantuvo durante bastantes años. Probablemente, porque en algunos estudios clínicos, con este tipo de niños, aparecía implicada, más que una crianza inadecuada, un alto nivel sociocultural y educativo de los padres. También se mantuvo esta hipótesis como producto de las creencias profesionales imperantes en aquella época, esto es, el modelo psicoanalítico que enfatizaba la raíz de los problemas de los niños en las relaciones con los padres.

También bajo supuestos psicoanalíticos, se encuentra la Teoría de Bettelheim (1967). De manera genérica, se consideraba que el trastorno del espectro autista era producto de unas primeras experiencias insatisfactorias y amenazantes de las que renegaba el niño. Nuevamente, a la base se encuentra la incompetencia o escasa responsabilidad de los padres, que al no reaccionar adecuadamente ante las necesidades de su hijo favorecen que éste perciba el mundo como algo amenazador y destructivo y pudiendo llegar a aislarse del mismo. Estas hipótesis sufrieron la misma suerte que otras teorías psicoanalíticas por la falta de apoyos empíricos.

La teoría psicogénica de Ferster (1961) enfatizó igualmente el papel de la crianza y de las interacciones padres-hijos centrándose en un paradigma de condicionamiento operante. La hipótesis de este autor atribuía el trastorno del espectro autista a fallos en la paternidad (no reforzamiento de comportamientos adecuados en el niño y fomentar comportamientos perturbadores o reacciones del niño como los llantos, etc.). En definitiva, se consideraba que los padres carecían de resortes para socializar adecuadamente a sus hijos. No obstante, esta hipótesis carecía de apoyo experimental e incluso su base clínica era dudosa (Rimland, 1964).

Como conclusión, el factor común en estas aproximaciones es la existencia de interacciones padres-hijos desadaptativas o no encaminadas a una completa socialización del niño. Pero los datos al respecto son escasos y poco o nada concluyentes.

Anomalías cognitivas y otras teorías desde una perspectiva cognoscitiva

Desde diferentes fuentes (por ejemplo, Baron-Cohen, 1989, 1991) se ha señalado la incapacidad de los niños autistas para interpretar las emociones o los comportamientos sociales de los demás. A su vez, esta incapacidad se está utilizando como explicación de otros déficits del niño "autista".

En los niños, esta capacidad de la teoría de la mente se mide a través de los llamados tests de falsas creencias (por ejemplo, el test de Sally y Ann), tratados inicialmente por Wimmer y Perner (1983, citado en Baron-Cohen y Swettenham, 1997). Estos autores encontraron que los niños sin alteraciones psicológicas inferían, interpretaban o predecían correctamente las acciones mostradas a través de las historias breves de las pruebas, así como los estados mentales y/o emocionales de los protagonistas de dichas historias a partir de los 4 años. De hecho, son numerosos los estudios que muestran las diferencias en la ejecución de este tipo de pruebas entre niños con o sin alteraciones psicológicas (por ejemplo, Baron-Cohen, 1989, 1991; Baron-Cohen, Leslie y Frith, 1985; Yirmiya y Shulman, 1996).

Además, se han aplicado múltiples variaciones de tales pruebas o tests (véase revisión de los mismos en Baron-Cohen y Swettenham, 1997). No obstante, estas pruebas requieren de un análisis exhaustivo y una consideración de las habilidades previas para su realización. En este sentido, resulta relevante el estudio de Happé (1995) resaltando el papel de la edad y las habilidades verbales de los niños. De manera similar, Tan y Harris (1991) estudian la escasa habilidad de los niños autistas al recordar su propio pasado, cometiendo errores al recuperar sus deseos pasados e igualmente al realizar las pruebas de la Teoría de la Mente. A su vez, Lillard (1993) relaciona la capacidad en las pruebas de la Teoría de la Mente con las habilidades para jugar de manera simulada (también relaciona esta capacidad con la corrección o no en las situaciones de simulación según la teoría del desarrollo próximo de Vygotsky). De manera similar, aunque bajo los supuestos del desarrollo psicológico desde la teoría de

Flavell y cols., se ha relacionado la habilidad en las pruebas de la Teoría de la Mente con las habilidades que tenga el niño al interpretar el mundo. Por último, Gordon y Olson (1998) consideran clave la capacidad de los niños para retener en la mente un objeto, así como para percibir un segundo objeto y formar una relación entre los dos; esto es, apelan a la existencia o no de la función simbólica (entendida en el marco de la teoría del desarrollo formulada por Piaget).

En definitiva, se apunta la necesidad de ciertas habilidades previas de atención, contacto o susceptibilidad a lo social y de discriminación para llegar a ser exitosos en dichas pruebas, es decir, de habilidades previas de tipo verbal y simbólico; de manera que puede no ser una deficiencia directa o *per se* sino la concatenación de deficiencias previas y necesarias para una realización correcta. En última instancia, una correcta ejecución en las citadas pruebas o tareas de la Teoría de la Mente sería objeto de un correcto análisis funcional y una exhaustiva planificación de procedimientos de discriminación y abstracción para entrenarlas.

Ejemplo de un ejercicio de creencia falsa

Jorge es un niño autista que se encuentra viendo la siguiente situación: Aparece Alejandro con una cajita y Samuel con una cesta y una canica en la mano. Samuel mete la canica en su cesta, la cierra y se va de la habitación. Alejandro que es un niño muy travieso saca la canica de la cesta de Samuel y la mete en su cestita, a los pocos minutos vuelve a entrar Samuel en la habitación, él no ha visto lo que ha ocurrido. ¿Jorge, dónde piensas que buscará Samuel su canica?

Jorge contesta que la buscara en la cajita de Alejandro y esto lo hace porque solo tiene en cuenta su propio estado de conocimiento y no el estado de conocimiento en el que se encontraba Samuel. Podemos observar entonces una incapacidad de Jorge para representarse lo que otra persona cree.

La interpretación que realiza Baron–Cohen de todos estos datos es que el problema de los autistas reside en la *atribución de intencionalidad* y parece que resolverían estos problemas a través de otras estrategias. El trastorno en la conducta social (aislamiento, desinterés...) y comunicativa se entiende desde la teoría de la mente como que estos niños no pueden entender que nosotros tenemos intenciones, deseos, creencias, etc., que guían nuestra conducta.

Factores Biológicos

La tendencia (por ejemplo, Dawson y Cols., 1998; Cohen y Volkmar, 1997; Klinger y Dawson, 1996; Schreibman y Charlop, 1993; Schroeder y cols., 1996; Wicks-Nelson e Israel, 1997) considera un papel primordial a los problemas o disfunciones biológicas que muestran niños autistas. Desde las diferentes investigaciones y teorías se pueden extraer, de manera resumida, las siguientes variables:

(1) Genéticas. Indicando diferentes factores de vulnerabilidad o riesgo como síndrome del cromosoma X frágil, rubeola congénita, esclerosis tuberosa, fenilcetonuria y neurofibromatosis.

(2) El papel de la herencia analizada a través de estudios de gemelos y familias es ampliamente señalado, aunque no menos controvertido. Se ha sugerido que se podría heredar una discapacidad general cognitiva, de lenguaje y social.

(3) Mayores están siendo los esfuerzos por indagar factores Neurológicos, Neuroanatómicos y Neuroquímicos. Concretamente, se indica un funcionamiento alterado del sistema nervioso (a través de estudios tomográficos -PET, emisión de positrones- y la resonancia magnética -MRI-, de autopsias del cerebro y de electroencefalogramas en humanos, así como en modelos animales) o anormalidades cerebrales a diferentes niveles (desde alteraciones en el sistema límbico y cerebelo, hasta cierta hiper o hipofrontalidad, así como, asimetrías atípicas en los lóbulos frontal y temporal y en los ganglios basales). También se ha señalado la existencia de alteraciones bioquímicas (por

ejemplo, altos niveles de serotonina en sangre, mayor activación de la dopamina, niveles excesivos de norepinefrina o aumento en los niveles de los opiáceos -endorfinas- en niños autistas).

(4) Finalmente, se ha relacionado el trastorno del espectro autista con complicaciones durante el embarazo y el parto (por ejemplo, gripe prenatal, bajo peso en el nacimiento o nacimientos prematuros, hemorragias de la madre, edad de la madre, uso de medicación por parte de la madre durante el embarazo, nacimiento de nalgas, presencia de meconio en el fluido amniótico, alteraciones respiratorias de la madre, etc.). Un factor perinatal muy aludido ha sido la posibilidad de lesiones cerebrales.

Sin embargo, los hallazgos sobre factores biológicos no son concluyentes, son inconsistentes, complejos y muestran variabilidad. Por ejemplo, mientras Gillberg (1992) indica que el 37% de casos de trastorno del espectro autista evaluados en una muestra de Suecia estaba ligado a afecciones médicas medidas directamente, (Rutter, Bailey, Bolton y Le Courteur, 1994) señalan, en una revisión de estudios sobre las condiciones médicas relacionadas con trastorno del espectro autista, que sólo un 10% de los casos estaba relacionado con disfunciones biológicas (conocidas) y que la mayor parte mostraban un retraso en el desarrollo de múltiples áreas.

Igualmente, los niveles de serotonina altos aparecen en un tercio de los casos de trastorno del espectro autista, pero también en personas con retraso en el desarrollo. Al mismo tiempo, las personas con retraso, pero sin comportamientos autistas, muestran alto nivel de serotonina (Lord y Rutter, 1994). Así, los niveles altos de serotonina pueden estar más relacionados con retraso mental que con trastorno del espectro autista (Klinger y Dawson, 1996).

Aunque el neurotransmisor dopamina ha sido asociado a la presencia de conductas estereotipadas y repetitivas; ciertos hallazgos (Gillberg, Svennerholm, y Hamilton-Hellberg, 1983) han encontrado niveles elevados de esta sustancia en personas con otros desórdenes psicóticos. Estos mismos autores no han encontrado evidencias consistentes que permitan apoyar los niveles anormales de norepinefrina en personas con trastorno del espectro autista.

En suma, pese a la constatación de disfunciones en el sistema nervioso, no se ha conseguido aislar un marcador bioquímico específico de trastorno del espectro autista (Harris, Belchic y Glasberg, 1996). Tampoco se ha aislado una anormalidad en los EEG característica del trastorno del espectro autista (Prior, 1987).

Los resultados con el uso de tomografía computerizada por emisión de positrones (PET) han abierto nuevas perspectivas de investigación en la etiología del trastorno del espectro autista, ya que suponen todo un avance en los resultados neuroanatómicos respecto de los datos que provenían de las pruebas de resonancia magnética y, sobre todo, de los estudios de autopsias. Sin embargo, los resultados encontrados necesitan de mayor validación. Por ejemplo, la constatación de Gillberg y Svendsen (1983) sobre problemas ventriculares en el cerebro de niños autistas no resulta concluyente.

Una valoración diferente merece el papel de la herencia y de los factores pre-, per- y postnatales, en tanto que son variables medidas de manera indirecta; esto es, a través de la constatación de patologías en antecedentes familiares o de estudios de gemelos o de informes ambiguos sobre las circunstancias del parto y del embarazo. Unida a esa valoración hay que señalar que son datos inconsistentes.

Sólo en un bajo porcentaje de casos de autismo, entre el 11 y el 37% (Wing, 1979; Gillberg y Coleman, 1996),es posible encontrar una causa específica o marcador biológico. Por ello, se hace posible distinguir entre el autismo sindrómico (Hansen, 2003), vinculado a una causa específica, y el idiopático.

En cuanto a aspectos neurológicos en el autismo, se han encontrado anormalidades anatómicas en el cerebelo (Courchesne y cols., 1994; Hashimoto, 1995), el tallo cerebral (Hashimoto y cols., 1995; Rodier, 1996), los lóbulos frontales (Carpery Courchesne, 2000; Aylward, 2002) y parietales

(Courchesne, 1993), el hipocampo (Aylward, 1999; Saitoh, 2001) y la amígdala (Sparks y cols., 2002; Baron-Cohen y cols., 2000). Asimismo, la resonancia magnética muestra déficits morfométricos de volumen en el cerebelo (Hashimoto, 1995), el tronco encefálico (Hashimoto, 1995), el cuerpo calloso posterior (Egaas y cols., 1995) y el lóbulo parietal (Courchesne, 1993).

Por otra parte, se ha encontrado un número de células de Purkinje en la corteza cerebelar anormalmente bajo (Bauman y Kemper,2005), al igual que anormalidades en la densidad de paquetes de neuronas en el hipocampo, la amígdala y otras partes del sistema límbico (Bauman y Kemper, 2005; Raymond, Bauman y Kemper, 1995).

Con respecto a la investigación de la atención, ambos hemisferios muestran una activación anormal durante los cambios de atención en cualquier hemicampo (Belmonte, 2000; Belmonte y Yurgelun-Todd, 2003). Asimismo, se ha encontrado un déficit en el cambio rápido de atención entre modalidades (Courchesne y cols., 1994), entre ubicaciones espaciales (Belmonte, 2000) y entre características de los objetos (Rinehart y cols., 2001).

Además, se ha observado desinhibición de los núcleos profundos del cerebelo y la consiguiente sobreexcitación del tálamo y la corteza cerebral (Belmonte, 2004). También, durante una tarea de empatía, se ha encontrado una actividad reducida en la corteza frontal medial izquierda (Happe, 1996) y en la corteza orbitofrontal (Baron-Cohen y cols., 1994).

Hasta el momento, aun no se han identificado genes específicos para el autismo, a pesar de la posibilidad de regiones candidatas en los cromosomas (Baron-Cohen, 2004).

En definitiva, las investigaciones no han identificado de manera contundente ningún factor o proceso biológico responsable del trastorno del espectro autista, aunque existe consenso al indicar que ciertos déficits biológicos están relacionados con el trastorno del espectro autista y puede que estén generando limitaciones desde las que habrá que partir para planificar la intervención, mientras estamos a la espera de datos más concluyentes desde la genética y la neurología (Bijou y Ghezzi, 1996, 1997; Lovaas y Smith, 2003; Schroeder, 1996).

Obviamente, sería conveniente que se siguiera investigando en esta línea hasta determinar qué factores constituyen factores de riesgo de esta alteración y desde ahí analizar la posibilidad de cambios e intervención. Aunque, probablemente, una de las mayores limitaciones de las investigaciones es la ausencia de muestras homogéneas de los sujetos con trastorno del espectro autista, en tanto que éste se puede considerar como un espectro de comportamientos anómalos (Harris, Belchic y Glasberg, 1996).

Recientes investigaciones, (Almeida y Souza, 2021) llevadas a cabo entre 2010 y 2020 llegan a las siguientes conclusiones. Entre los niños con TEA existe una disminución de la conectividad entre la corteza prefrontal medial y la corteza cingulada posterior. Esta disminución está relacionada con la función social reducida, en comparación con los niños sanos. Similares alteraciones se encontraron con respecto a la red frontoparietal, lo que se relacionó con los comportamientos repetitivos observados en el trastorno. También hay una hipótesis en relación con la disfunción cerebelosa y, más específicamente, que la deleción del Complejo de Esclerosis Tuberosa 1 (TSC 1) -gen que codifica la proteína hamartin -en las células de Purkinje, lo que se refleja en los déficits sociales y de comportamiento entre personas con TEA. Además, se sugiere que el fenotipo del trastorno está asociado con una alteración en las redes que conectan el cerebelo con la corteza prefrontal medial, también debido a una mayor activación en esta última región. Así, aunque no existe una conclusión satisfactoria y patognomónica sobre la neurobiología de los TEA en niños se sabe que las alteraciones neurofuncionales más comunes en los TEA están relacionadas con las redes cerebelosas y las células de Purkinje.

II. EVALUACIÓN DE LOS TRASTORNOS DEL ESPECTRO AUTISTA A TRAVÉS DE ESCALAS DE COMPORTAMIENTO Y TESTS DE INTELIGENCIA

1. INTRODUCCIÓN

La evaluación del trastorno del espectro autista la llevaremos a cabo en función de 2 objetivos diferentes: *evaluación dirigida al psicodiagnóstico* y/o *evaluación dirigida al diseño del tratamiento.* El diseño de la evaluación, la selección de los instrumentos y la metodología utilizada variará en función de cuál sea nuestro objetivo. En ocasiones, la evaluación se diseñará para cumplir ambos objetivos.

El primer paso en la evaluación dirigida al psicodiagnóstico consiste en recoger información a través de la historia clínica detallada del niño. Posteriormente, habrá que administrar las pruebas que nos permitan conocer mejor la sintomatología y el perfil psicológico completo de la persona. La evaluación psiquiátrica y biomédica puede servirnos para completar el psicodiagnóstico y, sobre todo, para decidir sobre la conveniencia de tratamiento psicofarmacológico dirigido a la mejora de sintomatología concreta: ansiedad, depresión, irritabilidad-agresividad, etc.

La evaluación dirigida al psicodiagnóstico se debe completar, sobre todo, con la realización del diagnóstico diferencial. Diferenciar un caso 'clásico' de TEA y de otros niños con otros trastornos mentales no reviste, normalmente, dificultad. Ahora podemos identificar formas menos "clásicas", como aquellas parciales o en personas de más alto nivel de funcionamiento cognitivo. También debemos realizar el psicodiagnóstico diferencial frente a otros trastornos como las formas tempranas de la esquizofrenia o los trastornos bipolares. También tenemos que considerar que existen características del niño con TEA que se asemejan a la sintomatología de los trastornos por déficit de atención e hiperactividad (TDAH). En estos casos, la atención se presta –muchas veces con enorme intensidad– a aquellas actividades preferidas por el niño, lo que no ocurre en los niños con TDAH sin TEA. En los niños con TEA el problema de 'atención' suele ser más el resultado de no compartir su atención con los demás. También habrá que realizar el psicodiagnóstico diferencial respecto a los trastornos obsesivo-compulsivos, dado que la tendencia a los rituales de orden y la inflexibilidad del comportamiento se han confundido, a veces, lo que ha llevado a la utilización de los mismos tratamientos en estos dos trastornos. En TOC podremos encontrar comportamientos obsesivos y conducta ritualizada, pero no se acompañarán de los síntomas característicos de TEA como el déficit importante en el área de comunicación e interacción social.

El retraso mental es el problema que con mayor frecuencia aparecerá asociado a los TEA, excepto en el anterior trastorno de Asperger. Igualmente, se ha encontrado que la frecuencia de TEA es directamente proporcional al grado de retraso mental en la población con discapacidad intelectual.

También encontraremos comorbilidad entre TEA y trastornos de ansiedad, depresión, comportamientos violentos –que, frecuentemente, son producto de la confusión o de la incapacidad para controlar su entorno– y que se consideran, erróneamente, como 'agresividad'. También es frecuente que nos encontremos los siguientes trastornos: tics y síndrome de Tourette, cambios afectivos periódicos, irritabilidad y conducta oposicional, e, incluso, trastornos psicóticos. La depresión es, probablemente, el trastorno mental que con mayor frecuencia se asocia a los TEA y, con mayor incidencia, en el anterior trastorno de Asperger.

El proceso de evaluación dirigida al psicodiagnóstico deberá seguir los siguientes pasos: 1) Historia Clínica. 2) Evaluación dirigida al psicodiagnóstico. 3) Evaluación dirigida al psicodiagnóstico diferencial. 4) Evaluación del CI y de las capacidades cognitivas y del grado de desarrollo. 4) Evaluación biomédica y psiquiátrica.

Respecto a la *historia clínica,* deberá incluir: antecedentes familiares, datos pre y perinatales, la historia evolutiva del niño, datos de salud, datos familiares y psicosociales y tratamientos previos (consultas, pruebas, diagnósticos o intervenciones realizadas).

La *evaluación dirigida al psicodiagnóstico* la llevaremos a cabo, principalmente, mediante instrumentos psicométricos estandarizados, utilizando, siempre que sea posible, aquellos que estén traducidos y validados en nuestro país. Es muy importante contar con información del funcionamiento en los distintos contextos en los que se desarrolla la vida del niño/a: familia, centro educativo, comunidad, etc.

La *evaluación dirigida al psicodiagnóstico diferencial* se llevará a cabo después de realizar el psicodiagnóstico de TEA, llevando a cabo una evaluación dirigida al psicodiagnóstico del trastorno o trastornos con los que se comparta sintomatología. El resultado de esta evaluación podrá ser la confirmación de TEA, del otro trastorno o el psicodiagnóstico en concurrencia de ambos.

Para llevar a cabo la *evaluación del CI, de las capacidades cognitivas y del grado de desarrollo,* utilizaremos instrumentos estandarizados adaptados a la edad del niño/a, edad mental y nivel de desarrollo del lenguaje.

La *evaluación biomédica y psiquiátrica* es conveniente, en los casos necesarios, que la lleve a cabo el pediatra y psiquiatra especializado. Si trabajamos en equipos multidisciplinares esta evaluación será complementaria en la realización del diagnóstico y servirá, sobre todo, para decidir sobre la necesidad de tratamiento farmacológico. En el caso de intervenir desde un centro de psicología, accederemos a los informes previos o derivaremos a los profesionales adecuados en el caso de que no se disponga de evaluaciones previas.

Los resultados de este proceso de evaluación los trasladaremos al informe psicológico y se les explicarán, de forma comprensible y detallada, a los padres. En el último apartado del

Informe "Recomendaciones" realizaremos una propuesta de intervención.

La evaluación *dirigida al diseño del tratamiento* utiliza similares procedimientos de evaluación, sin embargo, pone énfasis en la evaluación objetiva y cuantificable de los déficits y excesos conductuales. Ejemplo: "seguimiento de instrucciones simples el 25% de las veces", "mira a los ojos ante la instrucción: ¡Mírame! el 45% de las veces", etc. Esta evaluación debe recabar los datos necesarios para el establecimiento de la línea base a partir de la que se propondrán los objetivos de la intervención, y de forma que se puedan determinar los avances (concepto de *evaluación continua de los resultados de la terapia)*. Además, deberemos obtener información que nos permita elaborar el Análisis Funcional a partir del cual diseñaremos la intervención: antecedentes, conducta y consecuentes.

A continuación, proponemos distintas pruebas que podemos utilizar en la evaluación de TEA.

2. INSTRUMENTOS DE EVALUACIÓN DEL TRASTORNO DEL ESPECTRO AUTISTA.

A. Lista de Diagnóstico de Trastorno del Autismo de Rivière.

1. Se evalúa la presencia o ausencia de 104 conductas a las que se contesta SI/NO/¿?
2. La escala es administrada de forma conjunta en cada ámbito por el profesor, psicólogo y padres.
3. Se evalúa la presencia de repertorio de conductas autistas a nivel social, verbal, motor, de intereses y actitudes.
4. Hay que tener en cuenta que algunos de los ítems no están definidos operacionalmente, por lo que, en ocasiones, las personas que lo administran tienen dificultades en las contestaciones.
5. El resultado se traduce en % acerca de la presencia de conductas autistas (Ej. 95% de repertorio de conducta

autista).

B. Inventario del Autismo I.D.E.A. (Riviere, A., 1998).

- Edad de aplicación: desde los 2 años hasta la edad adulta.
- Evalúa doce dimensiones características de personas con trastorno del espectro autista y/o trastornos del desarrollo.
- Presenta cuatro niveles característicos de estas personas.
- Proporciona una valoración de la severidad y profundidad de los rasgos autistas.
- Se obtienen cinco puntuaciones, una que es la puntuación global, y las otras cuatro corresponden a las cuatro escalas: 1) Desarrollo social, 2) Trastorno de la comunicación y el lenguaje, 3) Trastorno de la anticipación y flexibilidad, y 4) Trastorno de la simbolización.

C. ADOS-2. Escala de Observación para el Diagnóstico del Autismo (Lord y cols., 2008). Adaptación y Baremación en España, Tamara Luque, (2015).

- Edad de aplicación: niños desde 12 meses.
- Evalúa las características del TEA.
- Duración de la prueba: 40-60 minutos cada módulo.
- La *Escala ADOS-2* es una evaluación estandarizada y semiestructurada de la comunicación, la interacción social y el juego o el uso imaginativo de materiales para personas con sospecha de tener un trastorno del espectro autista.
- La escala consta de cinco módulos (T, 1, 2, 3 y 4), cada uno destinado a personas con una edad cronológica y un nivel de lenguaje determinado. El ADOS-2 se puede aplicar a personas de edades, niveles de desarrollo y comunicación verbal muy diferentes (desde niños a partir de los 12 meses a adultos, sin habla o con un habla fluida).
- Cada uno de los módulos está formado por actividades que proporcionan contextos estandarizados donde el evaluador puede observar o no la presencia de ciertos

comportamientos sociales y comunicativos relevantes para el diagnóstico del TEA. Tras corregir el protocolo y obtener las puntuaciones del algoritmo, se podrá realizar el diagnóstico a partir de los puntos de corte establecidos.

- El ADOS-2 incluye un módulo para los niños más pequeños (12-30 meses), el módulo T. En esta versión se han actualizado el manual y los protocolos de todos los módulos, con pautas mejoradas para la aplicación, codificación e interpretación, y, en el caso de los módulos 1, 2 y 3, también se presentan nuevos algoritmos revisados. Finalmente, el ADOS-2 también incluye una nueva puntuación comparativa para determinar el grado de severidad de los síntomas asociados al autismo observados, en el caso de los módulos 1, 2 y 3.

D. Modified Checklist for Autism in Toddlers (M-CHAT), actualmente, en su versión M-CHAT-R/F (R/F: Revised with Follow-up), (Robins D., Frein, D. y Barton M., 2017). Validación en Chile, Coelho-Medeiros, (2019).

- Adecuada sensibilidad y especificidad sobre el 80% de los casos.
- Incorpora una entrevista de seguimiento (Follow-up).
- El uso de esta entrevista reduce, en gran medida, los casos de falsos positivos, evitando derivaciones innecesarias a especialistas.
- Su fácil implementación, debido a una puntuación simplificada, es otra ventaja del M-CHAT-R/F respecto al M-CHAT.
- Aplicable a niños desde los 16 hasta los 30 meses de edad.
- Validado en varios países como: Argentina, México, Brasil y España.
- Cuestionario para tamizaje de TEA, de 20 preguntas dicotómicas (Si/No).
- Autoaplicado por el cuidador: Puntaje ≤ 2 es negativo. Puntaje entre 3-7 puntos, riesgo moderado de TEA, e indica

hacer entrevista de seguimiento (R/F). Puntaje ≥ 8 puntos, se traduce en riesgo elevado para TEA e indica realizar directamente evaluación por especialista.

E. SCQ Cuestionario Comunicación Social. (Rutter, Bailey y Lord, 2019). Adaptadores, (J. Pereña y P. Santamaría, 2019).

- Edad aplicación: a partir de 4 años.
- Evalúa la relación social y el área de comunicación.
- Duración de la prueba: 10-15 minutos.
- Compuesto por 40 elementos.
- Proporciona una puntuación total y tres posibles puntuaciones adicionales (Problemas de interacción social, Dificultades de comunicación y Conducta restringida, repetitiva y estereotipada).
- El cuestionario se presenta en dos formas: Forma A referida a toda la vida pasada del sujeto y Forma B se contesta a partir de la conducta observada durante los últimos 3 meses.
- Según los resultados obtenidos podremos comprender mejor la situación del sujeto y remitirlo a un proceso diagnóstico más completo (si se sospecha la existencia de un TEA).
- También podemos usar la prueba de modo rutinario para descartar la presencia de TEA en el ámbito escolar o clínico.
- Esta prueba, previamente conocida como ASQ (Autism Screening Questionnaire), fue creada por los mismos autores del ADI-R y ADOS con el objetivo de servir de prueba de cribaje.

F. ENI. Evaluación Neuropsicológica Infantil (Matute, Rosselli, Ardila y Ostrosky, 2007).
- Edad de aplicación: 5-16 años.
- Evalúa grado de desarrollo. Utilidad para la detección de alteraciones cognitivas y comportamentales.
- Duración de la prueba: 3 horas

- La ENI comprende la evaluación de 11 procesos neuropsicológicos: atención, habilidades construccionales, memoria (codificación y evocación diferida), percepción, lenguaje oral, lectura, escritura, cálculo, habilidades visoespaciales y la capacidad de planificación, organización y conceptuación.
- Además, consta de dos anexos: uno para evaluar la lateralidad manual y el otro, la presencia de signos neurológicos blandos.
- El diseño de esta prueba permite realizar un análisis cualitativo y otro cuantitativo de las ejecuciones de cada niño. Las normas de la prueba se obtuvieron de una muestra de 788 niños.
- La ENI consta de 13 subpruebas, 59 sub-subpruebas, 43 sub-sub-subpruebas, más 1 subprueba de lateralidad manual, 10 sub-subpruebas y 3 sub-sub-subpruebas de evaluación de signos blandos.
- La Prueba consta de: Manual, cuestionario para padres, historia clínica, libreta de respuestas, libreta de puntajes de signos neurológicos blandos, libreta de estímulos 1, libreta de estímulos 2, acetatos para calificación de construcción con palillos, CD de audio, tarjetas de respuesta y estímulo, bloques de madera.

G. CARS *(The Childhood Autism Rating Scale)*. Schopler et al, (1998). Disponible CARS-2 (Schopler et al, 2010).

- Edad de aplicación: desde los 2 años.
- Diferencia conductas de TEA.
- Categoriza autismo normal, moderado o severo.
- Duración: 30-45 minutos.
- Escala destinada calificar a los niños autistas, basada en la observación conductual directa.
- El CARS se ha utilizado para calificar a 537 niños en un programa estatal durante un período de 10 años.

- Consta de 15 escalas enumeradas junto con una descripción de la justificación utilizada en su inclusión.
- Se encontró que la consistencia interna de la escala era de 0,94, y 2 observadores obtuvieron una fiabilidad de 0,71 que calificaron 280 casos.
- Las puntuaciones del CARS se correlacionaron con 0,84 con una calificación clínica general de psicosis, lo que indica una validez aceptable.

H. ADI-R (*Autism Diagnostic Interview-Revised*) (Lord et al., 1994). Adaptación Española: Naclarés-Nogués, Cordero y Santamaría, 2006, 2011).

- Aplicación: edad mental de 2 o más años.
- Duración de la prueba: entre 1,5 y 2,5 horas.
- Evalúa el autismo a través de entrevista con los padres o cuidadores de niños, adolescentes y adultos.
- El ADI-R es una entrevista clínica que permite una evaluación profunda de sujetos con sospechas de autismo o algún Trastorno del Espectro Autista (TEA). Se centra en las conductas que se dan raramente en las personas no afectadas. Por ello, el instrumento no ofrece escalas convencionales ni tiene sentido usar baremos.
- Ha demostrado ser muy útil en el diagnóstico y en el diseño de planes educativos y de tratamiento.
- El entrevistador explora tres grandes áreas (lenguaje/comunicación, interacciones sociales recíprocas y conductas e intereses restringidos, repetitivos y estereotipados).
- Consta de 93 preguntas que se le hacen al progenitor o cuidador. La información recogida se codifica y se traslada a unos sencillos y útiles algoritmos que orientan el diagnóstico y la evaluación de la situación actual.
- Los algoritmos pueden ser utilizados de dos formas. La primera se denomina algoritmo diagnóstico y se centra en la historia completa de desarrollo del sujeto evaluado para

obtener un diagnóstico a partir del ADI-R. En su aplicación secundaria, se le llama algoritmo de la conducta actual, y en este caso, las puntuaciones se basan en la conducta observada durante los meses más recientes de la vida de la persona evaluada.
- Basada en criterios CIE-10 y DSM-IV.

I. ACACIA (Tamarit, 1994).

- Edad de aplicación: por debajo de 36 meses con escasas competencias de lenguaje expresivo, estrategias sociales básicas, no instrumentales o de anticipación.
- Valora la competencia comunicativa del niño con bajo nivel de funcionamiento verbal y no verbal, a través de un guion estructurado de interacción.
- Ofrece datos para la diferenciación diagnóstica entre autismo con discapacidad intelectual y discapacidad intelectual sin autismo.

J. Lista de Chequeo de Diagnostico para Niños de Comportamiento Perturbado. Formulario E-2 Checklist). (Rimland 1971).

- Es un instrumento de fácil uso y consiste en un listado de conductas que informan sobre la presencia o ausencia de conductas autistas.

K. Guía Portage

- Es el instrumento de evaluación por excelencia para la evaluación de Discapacidad intelectual y TEA.
- Evalúa conductas definidas operacionalmente.
- Evalúa 6 áreas en la conducta de los sujetos:
  - Área de Estimulación del bebé: Evalúa repertorios motores básicos en bebés, tanto los reflejos como los voluntarios.

- Área de Conductas de Socialización.
- Área de Lenguaje.
- Área de Autoayuda.
- Área Cognitiva.
- Área de Desarrollo Motriz.
- A partir de 6-7errores, cometidos en un área, se establece el grado de desarrollo.
- Da orientaciones para el tratamiento en función del grado de desarrollo en el que se encuentra el sujeto.

Descripción de las áreas de desarrollo que se evalúan

A. *Cómo estimular al bebé*

- Hemos de pensar siempre que gran parte del proceso de aprendizaje y grado de desarrollo del sujeto dependerá de los estímulos y recompensas que recibe el niño en su infancia.
- En las fichas de 1 a 6 no se requiere una respuesta del niño, únicamente se le ofrece una fuente de estimulación apropiada para su edad de desarrollo (menos de 1,5 meses).
- En el resto de fichas se requiere la aparición de ciertas respuestas, que serán instigadas por el educador o los padres, si estas no se encuentran en el repertorio del niño.

B. *Área de Socialización*

- El aprendizaje de destrezas de socialización, en los primeros años del desarrollo, afectará enormemente a la adquisición de nuevos conocimientos que se transmiten a través de la comunidad social.
- Estas destrezas sociales se aprenden a través de la imitación, la participación en actividades y la comunicación en la familia.
- Posteriormente, estas conductas irán generalizándose a otros ambientes y emergerá una clase de conducta denominada "Conducta Social ".

C. *Área de Lenguaje*

- La lista de objetivos que plantea la escala sigue el patrón sistemático de desarrollo que se observa en los niños. En primer lugar, el niño escucha los sonidos que ocurren en su medio, luego comienza a producir sonidos muy simples (aaaaa, paaaaaaaa, maaaaaaaaaa, uaaaaaaaaaaa...), luego balbucea y, después, comienza a emitir sonidos inteligibles por los adultos. Cuando ha adquirido un vocabulario más o menos extenso comienza a combinar las palabras formando oraciones.
- El niño requiere, por tanto, gran cantidad de estimulación lingüística para reproducir las palabras, por lo que es preciso incrementar las ocasiones en las que esta estimulación se produce.
- Hemos de tener en cuenta que un niño que no necesite el lenguaje para conseguir lo que desea, tardará más tiempo en desarrollarlo o no lo desarrollará adecuadamente.

D. *Área deCognición*

- La cognición es el acto de pensar, capacidad de recordar, establecer semejanzas, diferencias, relaciones entre ideas y cosas.

E. *Área de Autoayuda*

- Esta área se encarga de los objetivos que le permiten al niño hacer por sí mismo las tareas de alimentarse, bañarse, usar el WC, vestirse, lavarse las manos, etc.
- La consecución de los objetivos de esta área es doblemente importante, ya que permite al niño ser un miembro único e independiente de la familia y, a su vez, facilita a la familia la convivencia con el niño con lo que el número de interacciones

positivas que estos mantendrán se incrementará y las interacciones negativas derivadas de no realizar el niño estas tareas disminuirán.
- Los objetivos que se plantean están siempre en función del desarrollo del niño y muy relacionados con la consecución de objetivos en otras áreas.

F. Área de Desarrollo Motriz

- Se trabaja sobre aspectos motrices gruesos como: sentarse, gatear, caminar, correr, tirar la pelota, coger objetos grandes, etc.
- Se trabaja sobre la motricidad fina como: movimientos de coordinación oculo-manual que se traducen en la posibilidad de realizar movimientos tales como amontonar bloques, armar rompecabezas, cortar con las tijeras, usar un lápiz, etc.
- El desarrollo de esta área es también doblemente importante, ya que permite, por un lado, expresar ciertas destrezas en otras áreas de desarrollo (p.ej. si no existe motricidad fina difícilmente podremos enseñar al niño a abrocharse los cordones de los zapatos) y, por otro lado, se piensa que estas destrezas son la base del desarrollo cognoscitivo y lingüístico.
- Hemos de tener en cuenta que la separación entre motricidad gruesa y fina es imaginaria ya que ciertas tareas de motricidad fina tienen como prerrequisito una tarea de motricidad gruesa.
- Ayudar al niño a desarrollar y planear sus movimientos le permitirá mayor independencia y libertad para moverse sin que lo dirijan o vigilen.

Uso de la Lista de Objetivos

- Ofrece información sobre las conductas que se dominan y las que faltan por aprender.
- En muchos casos, los objetivos están enumerados en más de una categoría. (p.ej., todas las destrezas lingüísticas requieren

destrezas cognoscitivas y motrices, algunas destrezas de autoayuda requieren un dominio previo de conductas sociales y motrices).

- Los objetivos van desde el nacimiento hasta los 6 años.
- Si contamos con información estandarizada acerca de la edad en la que se encuentra el sujeto en cada una de las áreas comenzaremos pasando la lista de objetivos un año antes del que marca dicha edad (p.ej., si encontramos un niño que presenta una edad mental de 3,5 años comenzaremos en la lista de objetivos en el intervalo 2-3, o sea, aproximadamente, 1 año antes, y evaluaremos realmente en el intervalo 3-4).
- Si no contamos con esta información previa, como regla generales comenzaremos a pasar la Lista de Objetivos 2 años antes de lo que marca la edad cronológica del niño.
- Una vez situado el punto de inicio de la Lista, comenzaremos a ver si realiza los objetivos. Si comete entre 10-15 errores seguidos retrocederemos 10 objetivos desde el punto en el que comenzó a equivocarse y así hasta localizar los objetivos concretos que el niño no supera.
- Hemos de supervisar también que el niño cumpla los objetivos anteriores, ya que alguno de ellos le servirá como prerrequisito de objetivos más complejos.

Uso del Fichero

- El fichero presenta el n.º de objetivo y la edad a la que se debe conseguir.
- También se incluyen sugerencias acerca de cómo enseñar ese objetivo, aunque estas pautas deberán ponerse en práctica en función de las características particulares de cada niño.

L. Escala de Desarrollo de Galindo. Universidad de Veracruz.

1. Esta forma de evaluación consta de 2 partes y se lleva a cabo cuando el niño y el evaluador hayan tomado

confianza. Habitualmente, se necesitan entre 1 y 2 semanas para que la evaluación sea mínimamente objetiva.

2. En la 1.ª parte se observa al niño y se evalúan las distintas áreas: conductas prerrequisitas, habilidades sociales, conducta académica y conductas problema.

3. La 2ª parte consiste en una entrevista a los padres que permite completar la información obtenida en la primera parte, detectar problemas que surgen solo en el hogar, cuidado personal, conducta verbal, conducta social y evaluar el medio social en el que se encuentra el niño.

Evaluación de la Atención

a) Atención a objetos próximos.

P.ej.:

- Señalar, tocando, cuatro partes diferentes de la mesa sobre la que se está trabajando usando la instrucción: ¡Mira aquí!
- Señalar, tocándolos, cuatro objetos diferentes que estén sobre la mesa usando la instrucción: ¡Mira esto!
- Señalar, tocándolas, cuatro partes de la cara del evaluador (oreja, boca, nariz, ojos), usando la instrucción: ¡Mira aquí!

b) Atención a objetos distantes.

P.ej.:

- Señalar con el dedo 10 objetos que se encuentren en la habitación, variando la posición de los objetos respecto al niño. El objeto señalado puede nombrarse y se usa la instrucción: ¡Mira el calendario!, ¡Mira el muñeco!

c) Atención al evaluador.

P.ej.:

- Que el sujeto mantenga contacto ocular con el evaluador, al menos tres veces, cuando el evaluador diga: ¡Mírame!

Evaluación de la imitación.

- Antes de comenzar a evaluar al niño debemos explicarle bien qué es lo que queremos que haga diciéndole: *"Haz lo que yo haga ó repite lo que yo haga".*

P.ej.:

1. Levantar el brazo izquierdo hacia arriba.
2. Levantar el brazo derecho hacia arriba.
3. Levantar ambos brazos hacia arriba.
4. Levantar el brazo izquierdo hacia un lado.

- La respuesta se considerará error si ocurre después de 5 segundos desde que se presenta el reactivo.
-

Evaluación del seguimiento de instrucciones.

- Antes de comenzar la evaluación, debemos explicar al sujeto qué es lo que le vamos a pedir. Podemos decirle: *Juan, haz lo que te voy a decir.*
- Cada instrucción se le presentará 2 veces con un intervalo de 10 segundos entre cada una de ellas.
- La respuesta se considera error si ocurre después de 5 segundos desde que se presenta el reactivo.

P.ej.:

1. Ve al lado de la lámpara.
2. Abre la puerta.
3. Trae eso (un objeto cualquiera).
4. Deja eso.

Evaluación de la Conducta Motora Gruesa

Se darán al niño las instrucciones adecuadas para que pueda realizar la conducta. Si no existe el repertorio de Seguimiento de Instrucciones, éste deberá modelarse. Los reactivos están ordenados con un orden de dificultad creciente.

La prueba se dará por finalizada cuando el niño se equivoque en dos ocasiones consecutivas en cada una de las siguientes categorías:

Locomoción

1. Rodar sobre sí mismo.
2. Arrastrarse en cierta dirección.
3. Gatear con manos y rodillas.
4. Caminar con apoyo de alguien.
5. Caminar solo.

Coordinación y Fuerza
1. Acostado boca abajo levantar la cabeza 90º.
2. Levantar el pecho apoyándose con los brazos.
3. Rodar de posición supina a prona y viceversa.
4. Sentarse y dejar las manos libres.

Equilibrio

1. Tener la cabeza erecta al estar sentado.
2. Estar parado con apoyo.
3. Estar parado solo sin apoyo.
4. Estar parado sobre un pie con ayuda.

Evaluación de la Conducta Motora Fina

Se siguen las mismas instrucciones que para la conducta motora gruesa. Los reactivos que se presentan son:
1. Rodar una pelota.
2. Tocarse la nariz con el dedo índice.
3. Alcanzar los objetos con ambas manos.
4. Alcanzar los objetos con una mano.

Evaluación de la Imitación Vocal (ecoicas).

Debemos presentar los siguientes estímulos acompañados de la instrucción: "Repite lo que voy a decir" Si en la primera ocasión no existe respuesta, volvemos a presentar el reactivo, si en la siguiente ocasión no se observa la aparición de la respuesta, o aparece después de 5 segundos presentado el reactivo, se deja de evaluar esta área.

Algunas de las palabras a imitar son:
1. Mamá.
2. Papá.
3. Pan.
4. Memo.
5. Pepe.

Evaluación de Tactos

Debemos dar la instrucción al niño de que diga qué es esto o cómo se llama esto, mientras se presenta el objeto y se señala claramente. En esta prueba los errores que comete el niño pueden ser de 2 tipos:

a) Que no aparezca la respuesta.

b) Que la respuesta dada esté equivocada. En este caso, si la respuesta tiene alguna relación con el estímulo presentado, debemos computarla como acierto (P.ej., si presentamos una botella y el niño dice Coca Cola, la daremos como válida).

Algunos de los estímulos que se presentarán son:
1. Silla.
2. Mesa.
3. Lápiz.
4. Billete.
5. Libro.

Evaluación de las Intraverbales

Se realizan al niño las siguientes preguntas y se comprueba si éstas son correctas en términos de estímulo, es decir, aunque la topografía de la conducta no sea correcta. Si la respuesta está relacionada con el estímulo se da por válida.

Algunos de los estímulos que se presentarán son:
1. ¿Cómo te llamas?
2. ¿Cómo se llama tu papá?

3. ¿Cómo se llama tu mama?
4. ¿Quién te ha traído aquí?
5. ¿Qué te gusta más, el perro o el coche?

Evaluación de Tactos Complejos (posición).

Para realizar esta prueba se necesitan un coche y una caja, dentro de la que pueda caber el coche. La instrucción que se le da al niño es: ¿Me dices dónde está el coche: arriba, dentro, fuera o al lado? Los estímulos se presentan una sola vez y algunos de ellos son:
Arriba de la caja o encima.
Dentro de la caja.
Fuera de la caja.

Evaluación de las Textuales.

Se presentan las palabras escritas en una tarjeta y se le pregunta ¿qué dice aquí? Algunos de los estímulos textuales que se presentan son:
1. Mamá.
2. Pipa.
3. Oso.
4. Lalo.
5. Roja.
6. Llave.

Entrevista con los Padres
Nombre de los padres:
Dirección:
Nombre del niño:
Sexo: Edad:
Nivel de escolaridad:
Tiempo que ha estado escolarizado:
a) Escuela Oficial:

b) Escuela Especial:

Anotar si el niño presenta o no las siguientes conductas:

1. Autonomía Personal

Con respecto a la vestimenta:
1. Ponerse la blusa.
2. Ponerse los pantalones.
3. Ponerse el suéter.
4. Ponerse vestidos.
5. Abrochar botones.
6. Abrochar botones de la espalda.
7. Manejar la cremallera.
8. Atar los cordones de los zapatos.
9. Colocares el cinturón.
10. Ponerse los zapatos.
11. Ponerse los calcetines.
12. Ponerse ropa interior.
13. Ponerse el pijama.
14. Ponerse el abrigo.

Cuidado de los dientes:

1. Maneja el cepillo de dientes.
2. Usa el dentífrico.

Cuidado de las uñas:

1. Sabe limpiarse las uñas.
2. Sabe cortarse las uñas.

Lavado de cara y manos:
1. Sabe usar el lavabo.
2. Sabe usar el jabón.
3. Sabe usar la toalla.

Sonarse la nariz:
1. Sabe soplar la nariz.
2. Sabe limpiarse la nariz.

Habilidades para comer:
1.Maneja los utensilios de comer.
2.Presenta conductas adecuadas en la mesa.

Controla esfínteres

Tareas y Responsabilidades Generales:
1. Hace su cama.
2. Cuelga su ropa.
3. Limpia sus zapatos.
4. Guarda sus juguetes.
5. Responde a la llamada del timbre de la puerta de casa.
6. Informa sobre accidentes que han ocurrido.
7. Va a por mandados a la calle.
8. Dice la hora si se le pregunta.
9. Responde bien a las luces de un semáforo.

Seguridad Corporal

1. Se pasea solo por el patio o el parque con la supervisión de otra persona.
2. Se pasea solo por el patio o parque durante períodos cortos sin ser vigilado.
3. Se come la tierra de las macetas o del jardín.
4. Informa con gestos o vocalizaciones sobre algún peligro que le vaya a ocurrir a un adulto.
5. Informa al adulto sobre el daño que ha sufrido.
6. Evita los enchufes.
7. Se acerca y aleja de los columpios con cuidado.
8. Evita ingerir sustancias de botes que no conoce.
9. Se mantiene alejado del fuego.

10. Maneja las tijeras sin hacerse daño.
11. Recoge vidrios rotos.
12. Enciende cerillas sin quemarse.
13. Quita enchufes de forma adecuada.

Comunicación

1. Contesta al teléfono.
2. Da mensajes de otras personas.
3. Responde a preguntas (gestual, verbal, por escrito).
4. Sigue las instrucciones que le da el adulto.
5. Habla con adultos (conocidos, desconocidos).
6. Sabe su nombre, dirección y n.º de teléfono.
7. Presenta alguno de los siguientes problemas del lenguaje: Tartamudez, Articulación defectuosa, Lentitud en el habla, otros problemas.

Habilidades Interpersonales

1. Presta sus juguetes a otros niños.
2. Pide prestados los juguetes a otros niños.
3. Juega con otros niños.
4. Es capaz de ayudar a otros niños.
5. Pide de comer.
6. Pide ayuda para hacer las cosas que no sabe.
7. Responde cuando le regañan.
8. Avisa cuando siente dolor.

Atención Médica

1. Está bajo algún tratamiento médico.
2. Está tomando actualmente algún medicamento ¿Cuál?
3. Dosis.
4. Podría obtener un informe médico de su hijo.

Conductas Problemáticas

1. Presenta autoestimulaciones físicas como: Cabecear, rascarse excesivamente, manierismos motores, repetición continúa del mismo sonido, balanceos, etc.
2. Es hiperactivo.
3. Molesta o interrumpe a otros.
4. Manifiesta agresiones físicas o verbales a otros.
5. Presenta habitualmente berrinches.
6. Presenta conductas autolesivas como: morderse, golpearse, rascarse hasta sangrar.

3. ESCALAS DESTINADAS A DETERMINAR EL CI

El CI es una de las áreas que es necesario, también, evaluar en TEA. La selección de los instrumentos de evaluación que utilizaremos en cada caso dependerá de las características del niño/a, principalmente la edad y la existencia de lenguaje funcional.

1. Consideraciones y Limitaciones

A la hora de decidir qué prueba realizar, hay que tener en cuenta los siguientes criterios:

- *Baremación y validez.* A la hora de seleccionar la prueba más adecuada para un sujeto, se debe contemplar, en primer lugar, si existe un baremo para su edad y en segundo lugar, si es la prueba más válida de las disponibles para esa edad.
- *Tipo de sujeto.* Las características personales de los sujetos pueden determinar que no pueda utilizarse alguna prueba (presencia de ceguera o sordera), o que se extraigan conclusiones erróneas (problemas en la capacidad lectora, el nivel de estudios del sujeto, si es hiperactivo), o que no discrimine bien determinado grupo de sujetos (como los

superdotados).

- ***Naturaleza de los comportamientos que se desean explorar.*** Dependiendo de que interese examinar el proceso de ejecución, los resultados finales u otros, se elegirá una prueba u otra.
- ***Datos de la tipificación.*** Si son sujetos españoles o extranjeros, sexo, procedencia geográfica, estatus social y ocupacional, entre otros.
- ***Información estadística disponible:*** Conocer la fiabilidad, la validez y la capacidad predictiva de la prueba, entre otros.

También se deben tener en cuenta, las **limitaciones** que presenta este enfoque. Entre ellas se pueden citar las siguientes:

- No hay unidad respecto a la concepción misma de la inteligencia, con lo cual resulta difícil saber qué se está midiendo en realidad con estos tests.
- Tienen una visión estática del funcionamiento intelectual, puesto que lo que se evalúa es el producto final que se obtiene tras aplicar las pruebas, y no la secuencia de operaciones o las actividades que han llevado al éxito o al fracaso en las mismas.
- La capacidad predictiva de estos tests no suele ser adecuada.

A continuación, se describen brevemente algunas de las escalas y tests que podremos utilizar para la evaluación de las capacidades cognitivas.

A) Uzgiris/Hunt's Scales of Infant Development. Dunts, 1980).

- Evalúa el desarrollo cognitivo de niños menores de 24 meses.
- Proporciona información sobre habilidades cognitivas tempranas relacionadas con el desarrollo de la comunicación.

B) Merrill-Palmer Scale of Mental Tests. Stutsman (1931).

- Se aplica a niños de 18 a 78 meses.
- Tiene la ventaja de que se superpone a las pruebas cuyo techo y cuyo suelo están en los 24 meses.
- Los datos normativos más recientes datan de 1978.
- Utiliza unos materiales muy atractivos para las personas con TEA, y logra así, evaluar el nivel cognitivo cuando otros instrumentos no lo consiguen.

C) Leiter International Performance Scale. Leiter (1948).

- Muy útil cuando la persona no tiene habla.
- Seaplicadelos2alos18años.
- A veces, a las personas con autismo les cuesta entender el tipo de tareas propuestas.

D) Escalas de inteligencia Wechsler (WPPSI-IV, 2004; WISC-V, 2014; WAIS-IV, 2012)

Escalas de inteligencia para adultos de Wechsler (WAIS-IV).

Nacen para superar los problemas que presentaban los tests disponibles hasta ese momento, que habían sido diseñados para ser aplicados a niños y que hacían uso del concepto de cociente intelectual, en el cual se asume que existe una evolución creciente y progresiva en la edad mental del sujeto, que puede ponerse en correspondencia con su edad cronológica. Sin embargo, en edades más avanzadas, esta progresión no tiene porqué ser equivalente y si este aspecto no se tiene en cuenta, el cociente intelectual del sujeto será infravalorado.

La última versión (Weschler, 2012) permite evaluar el funcionamiento intelectual, de sujetos de entre 16 y 89 años, en 4 áreas cognitivas: comprensión verbal, razonamiento perceptivo, memoria de trabajo y velocidad de procesamiento. También aporta una puntuación compuesta que representa la aptitud intelectual general (CI total). Cada área cognitiva se evalúa a partir de diferentes pruebas.

A la hora de realizar la evaluación de la inteligencia a partir de estas pruebas, Wechsler propone evaluar primero las potencialidades del sujeto y para ello es necesario comparar su ejecución en las distintas pruebas con la que obtienen aquellos sujetos situados en el punto más alto de su desarrollo mental. Posteriormente, combinando la información en los cuatro índices cognitivos se puede obtener una medida del funcionamiento cognitivo general de una persona (CI Total) o un índice de capacidad Cognitiva General (ICG). Este último es menos sensible que el CI Total a las dificultades en la memoria de trabajo o en la velocidad de procesamiento, que suelen presentar las personas cuando tienen algunos trastornos. En el WAIS-IV, no se calculan el CI Verbal y el CI Manipulativo, sino que se sustituyen por los índices de Comprensión Verbal y Razonamiento Perceptivo, respectivamente.

El WAIS-IV es de especial utilidad en los campos de la Neuropsicología y la Educación. También se pueden calcular las diferencias entre índices y el significado de las diferencias en el rendimiento en cada una de las 15 pruebas. Al calcular estas diferencias podremos detectar dificultades específicas de aprendizaje y describir los puntos fuertes y débiles del perfil intelectual del sujeto evaluado. Finalmente, se consulta el baremo, en el cual aparece la distribución con media 100 y desviación típica 15, de las puntuaciones que obtienen los sujetos que pertenecen a su mismo grupo de edad.

En la evaluación de la inteligencia también puede hacer uso de fuentes de información adicionales como las respuestas concretas que el sujeto ha dado en cada una de las pruebas, las estrategias que ha utilizado para resolverlas, la forma en la que se ha comportado a lo largo de la administración de las pruebas o el análisis de los perfiles de las puntuaciones típicas que obtiene el sujeto en cada una de las 15 pruebas.

Los coeficientes de fiabilidad promedios corregidos para las pruebas compuestas oscilan entre 0,81 y 0,94, lo que se considera una fiabilidad entre buena y excelente.

La validez de contenido se considera entre buena y adecuada. La validez de constructo es entre buena y excelente, según el procedimiento utilizado. El análisis factorial muestra la existencia de cuatro índices cognitivos y un factor general de inteligencia de segundo orden. Las correlaciones con otros tests, en la muestra española, se consideran entre buenas y excelentes.

Escala de Inteligencia para niños de Wechsler (WISC-5)

La escala de inteligencia para niños de Wechsler 5 (WISC-5) es un instrumento, de aplicación individual, para evaluar la inteligencia de niños con edades comprendidas entre los 6 años y los 16 años y 11 meses. El WISC-5 nos evalúa el funcionamiento en los índices primarios de inteligencia, reflejando así el funcionamiento intelectual en diferentes áreas cognitivas: comprensión verbal, visoespacial, razonamiento fluido, memoria de trabajo y velocidad de procesamiento. También nos ofrece una puntuación general (CI Total) y puntuaciones en índices secundarios que reflejan aptitudes cognitivas específicas que responden a distintas necesidades clínicas. Resulta muy útil en la evaluación de grupos clínicos en los que hay dificultades atencionales o motivacionales. Entre sus fortalezas se incluyen la inclusión de nuevas medidas de razonamiento fluido, visoespacial y memoria de trabajo.

La fiabilidad y validez de las puntuaciones en esta prueba son óptimas.

La versión española del WISC-5 está constituida por 15 pruebas, organizadas en 3 niveles interpretativos. La prueba, nos aporta, en primer lugar, el CI Total. Los índices primarios son: Comprensión verbal, Visoespacial, Razonamiento fluido, Memoria de trabajo y Velocidad de procesamiento. Los índices secundarios son: Razonamiento cuantitativo, Memoria de trabajo auditiva, No verbal, Capacidad General y Competencia Cognitiva. También nos aporta la puntuación en el Índice Visoespacial (IVE) y el Índice de Razonamiento Fluido (IRF).

Las Pruebas del WISC-5 son: Cubos, Semejanzas, Matrices, Dígitos, Claves, Vocabulario, Balanzas, Puzles visuales, Span de dibujos, Búsqueda de símbolos, Información, Letras y números, Cancelación, Comprensión y Aritmética.

Escala de Inteligencia para Preescolar y Primaria de Wechsler IV (WPPSI-IV).

Es una extensión de las demás escalas Wechsler para el examen de los niños de edades comprendidas entre los 2 años y 6 meses y los 7 años y 7 meses. Los baremos son actuales y se establecen para intervalos de edad de 3 meses.

La versión actual, WPPSI-IV, presenta cambios respecto al WPPSI-III, en el contenido de las pruebas y en las normas de aplicación y corrección.

La escala consta de 15 pruebas: Información, Semejanzas, Vocabulario, Comprensión, Cubos, Rompecabezas, Matrices, Conceptos, Reconocimiento, Localización, Búsqueda de animales, Cancelación, Claves de figuras, Dibujos y Nombres.

La estructura del WPPSI-IV se organiza en 3 niveles: Escala Total (que da lugar al CI Total), Índices Primarios e Índices secundarios.

La fiabilidad y validez de la puntuación total en esta prueba, CI Total, ha sido ampliamente corroborada en estudios empíricos. Las propiedades psicométricas de esta escala han sido bien analizadas y ofrecen valores óptimos.

E) Test de matrices progresivas de Raven. Raven (1938)
- Es útil para conocer el nivel intelectual, especialmente en los individuos de bajo nivel de funcionamiento cognitivo.
- Permiten medir el factor G, tal como fue definido por Spearman, el cual hablaba de una capacidad de

introspección que permitía al sujeto describir lo que ocurre en el interior de su mente y las relaciones que guardan las ideas. Para ello se utilizan series en las que se suceden figuras que guardan entre sí una determinada relación, la cual debe ser descubierta por el sujeto con la finalidad de completar una de las figuras que faltan en dicha serie. Existen diferentes modalidades de este tests, que se diferencian en algunos aspectos:

- *Series A, Ab y B.* Se pueden aplicar en niños de edades comprendidas entre 5 años y medio y 11 años, con la finalidad de detectar alguna deficiencia mental. También se puede utilizar en adultos para detectar problemas del lenguaje, afasias o sordera. En España tenemos tipificaciones realizadas con niños de los cuatro primeros cursos de Primaria.
- *Escala General (PM 56).* Se puede aplicar en sujetos de 11 años en adelante, aunque en España sólo se disponen de la baremación para niños de 4º a 8º de Primaria.
- *Nivel superior (PMS).* La Serie I se puede aplicar para evaluar si una persona tiene un nivel de inteligencia inferior, medio o superior. La serie II, en cambio, sólo puede ser utilizada con sujetos que tengan una inteligencia superior.
- Estos tests son útiles cuando es necesario realizar una estimación rápida del nivel de funcionamiento intelectual y distinguir entre los más o menos dotados.

F) Escalas Bayley de desarrollo infantil. Bayley (1993).
- Se suelen utilizar para individuos muy afectados o para niños con edad mental inferior a los 3,5 años.
- Proporcionan información relevante para conocer el nivel de desarrollo y para elaborar programas de apoyo, pero tienen escaso valor predictivo.

G) PEP-R (Perfil psico- educacional. Revisado). Schopler et al (1990).

- Es un instrumento de observación semiestructurado
- Se usa, principalmente, para niños no verbales con una edad mental entre 2 y 5 años.
- Está poco estandarizado.
- Cuenta con una versión para adolescentes (APEP).

H) Escalas McCarthy de aptitudes y psicomotricidad. McCarthy (1972).

- Batería de tareas atractivas, organizadas en seis escalas.
- Edad aplicación: de 2,5 a 8 años.
- Dispone de Con datos normativos para población española. Muy utilizada en el campo educativo.

I) K-ABC Kaufman y Kaufman (1983).

- Batería para el diagnóstico de la inteligencia en un rango de edad entre 2,5 y 12,5 años.
- Aporta resultados con trascendencia educativa.
- Fácil de aplicar.

2. OTRAS TÉCNICAS DE EVALUACIÓN: ENTREVISTAS Y OBSERVACIÓN.

A. La Entrevista

Las entrevistas con los padres nos ayudarán a obtener información amplia y precisa dirigida al psicodiagnóstico y al diseño de la intervención.

Entrevista Inicial. Esta entrevista consta de preguntas dirigidas a obtener una historia completa del desarrollo del niño que incluye: información de la madre sobre su estado de salud durante el embarazo, la salud del niño al nacer y su progreso en el desarrollo, etc. Evaluaremos también el funcionamiento del niño en las diferentes áreas: autocuidado, hábitos de alimentación y sueño, área escolar, área social (relaciones con iguales y adultos), historia médica (diagnósticos, pruebas que se le han realizado, tratamientos, etc.), intervenciones psicológicas (tratamientos previos públicos y privados, intervención que se realiza o se ha realizado desde la escuela, etc.), área de comunicación (cómo se comunica a nivel verbal y no verbal), conductas disruptivas, pautas educativas, nivel socioeducativo de los padres, relación entre los padres, relación niño-hermanos/as, etc.

Entrevista Específica de TEA. La entrevista específica es una entrevista breve, elaborada Adhoc y dirigida al psicodiagnóstico de TEA. Suele incluir preguntas dirigidas al cumplimiento de los criterios diagnósticos y otras preguntas sobre la evaluación de criterios nucleares y distintivos del trastorno no incluidos en el DSM-V.

B. La observación

La observación constituye una de las estrategias fundamentales del método científico (sobre todo, dentro de la aproximación conductual) y gran parte de los procedimientos utilizados en evaluación psicológica, se basan en ella de alguna manera (Molina, 2003, pág. 219). Sin embargo, la observación, cuando es abordada como una técnica, posee unas características distintivas y propias que pueden ser consideradas a la luz de las definiciones que se han ofrecido de la misma.

Fernández-Ballesteros (1980) considera que la observación científica, se diferencia de la observación cotidiana, en el hecho de que es una conducta deliberada o intencional, que tiene como finalidad recopilar datos que sirvan como primera aproximación en la formulación o verificación de hipótesis acerca de aquello que se observa.

Anguera (1990), también destaca el hecho de que la observación es una conducta deliberada. Sin embargo, enfatiza que se trata de una acción sistemática, cuyo objetivo es el de proporcionar datos significativos que permitan evaluar a un sujeto, mediante el uso de técnicas de registro, codificación y análisis.

A la hora de utilizar la técnica de observación, como técnica sistemática que es, se requiere que la estrategia de registro sea planificada, delimitando y concretando aspectos tan fundamentales como qué es aquello que se pretende observar y cómo se va a observar. Son diferentes las decisiones que se deben tomar y normalmente hacen referencia a alguna de las siguientes categorías: unidades de análisis, unidades de medida, técnicas de registro y tipo de muestreo que se va a realizar.

Unidades de análisis

La primera decisión que hay que tomar hace referencia a concretar aquello que se pretende observar. Para ello, es necesario definir de la forma más exacta y concreta posible lo que se entiende como unidad de análisis, es decir, el suceso o evento que va a ser observado. Las unidades de análisis pueden ser un continuo del comportamiento, atributos, conductas, interacciones o productos de conductas, principalmente.

Continuo del comportamiento. Durante amplias unidades de tiempo, se registra, de forma descriptiva, la mayor parte de los sucesos que ocurren en un determinado contexto natural. En estos casos no se especifica de forma previa aquello que se va a observar, con qué frecuencia o durante cuánto tiempo se debe hacer. Las descripciones se realizan acerca de aspectos que pueden ser verbales, no verbales o espaciales y que pueden venir acompañados de alguna apreciación realizada por el observador.

Atributos. Se estudian atributos de personalidad elaborados a partir de la observación de varias conductas. Es decir, la conducta manifiesta no tiene valor por sí misma, y es concebida como la expresión de un determinado atributo, que se conjetura que está en la base de un conjunto más o menos definido de conductas. A pesar de ello, normalmente se registran las conductas manifiestas y, posteriormente, éstas son clasificadas en función del tipo de atributo con el que están relacionadas. En otros casos, al mismo tiempo que se observa la conducta, se procede a su clasificación. Es comprensible, que debido a que, normalmente, un mismo atributo puede ser puesto de manifiesto por múltiples conductas, se requieren amplios intervalos de tiempo para realizar la observación.

Conductas. Se pueden observar conductas motoras, verbales o fisiológicas simples, o agrupaciones de las mismas, que pueden ser especificadas con mayor o menor detalle. En estos casos, se realiza una clasificación previa de las conductas o agrupaciones de las mismas, seleccionando, rigurosamente, los intervalos de tiempos en los que se deben observar y ofreciendo poco espacio al observador para realizar inferencias. De este modo, se ponen en marcha diferentes estrategias de control sobre amenazas que pueden contaminar los datos, siendo ésta una de las principales prioridades en las investigaciones teóricas, aunque esta aproximación también se puede utilizar en estudios puramente empíricos o descriptivos.

Interacciones. La unidad a observar depende de una relación funcional establecida entre dos eventos que se suceden secuencialmente, bien porque son producidos por dos o más personas o bien porque depende de la interacción de una persona y del contexto en el que se encuentra. Al igual que en el caso anterior, es necesario especificar, de forma clara y previa a la realización de la observación, dichas conductas o clases de conductas, ajustando los intervalos temporales de registro a sus características. La principal diferencia de esta unidad de análisis respecto a la previa, reside en que se está interesado en estudiar las influencias recíprocas que tienen lugar entre individuos o entre un mismo sujeto y el ambiente en el que se encuentra.

Productos de conducta. Se observa el resultado de un conjunto de actividades internas o externas, que un sujeto o grupo de sujetos, han realizado en un determinado contexto que puede ser tanto natural como artificial:

- *Medidas no-reactivas.* Se registran las consecuencias que una conducta tiene sobre el ambiente o sobre un conjunto de sujetos. Estos procedimientos son especialmente adecuados para la valoración de tratamientos, ya que reducen la reactividad de los sujetos.

- *Productos de las ejecuciones.* Son los resultados que obtiene el sujeto cuando realiza determinadas tareas que son solicitadas por el evaluador. Tales tareas pueden ser tests de ejecución, redacciones, historietas, juegos o dibujos, entre otros posibles. En estos casos, debido a que ayudan a estandarizar el procedimiento, se favorece la comparabilidad de los resultados.

A pesar de las ventajas comentadas, se debe prestar especial cuidado a la hora de generalizar estos resultados a otros contextos diferentes a aquellos en los que fueron registrados.

Unidades de medida

El tipo de medida que se elija dependerá siempre de la unidad de observación. El tipo de unidad de medida, hace referencia, directamente, a como se va a medir aquella conducta que se ha decidido analizar. En concreto, hace referencia a si se va a registrar la ocurrencia, la frecuencia, la duración o una dimensión cualitativa de la conducta:

Ocurrencia. Consiste en constatar si un fenómeno se da o no. Es por tanto la dimensión más simple de lo observado.

Frecuencia. Hace referencia al grado en el cual un determinado evento ocurre en una unidad de tiempo. Puede presentarse en números absolutos o en tantos por ciento.

Tiempo. A la hora de registrar la dimensión temporal de un evento, se puede hacer referencia a su duración (intervalo que transcurre entre el comienzo y el final de la conducta), a su latencia (intervalo temporal comprendido entre la presentación del estímulo y el comienzo de la ejecución de la respuesta) o al intervalo inter-respuesta (intervalo que media entre la manifestación de dos conductas sucesivas).

Dimensiones cualitativas. En ocasiones, lo que puede interesarnos, prioritariamente, son los aspectos cualitativos de una determinada unidad de observación. En concreto, pueden hacer referencia a la:

- *Intensidad o magnitud.* Se utilizan categorías ordinales para indicar el grado en que la conducta se pone de manifiesto.
- *Adecuación.* Hace referencia al grado de funcionalidad o grado en que una actividad consigue cubrir los objetivos por los cuales se había realizado. Frecuentemente, es medida contabilizando el número de aciertos o errores que el sujeto comete al ejecutar una tarea. También se pueden registrar otras variables, referidas a aspectos temporales (tiempo empleado en resolver una tarea) u otros aspectos cualitativos (haber resuelto convenientemente una tarea).

Las técnicas de observación son esenciales para el diagnóstico y para desarrollar el plan de tratamiento (Ver: Maldonado, A.L., 2021. *Evaluación Clínica y Psicológica.* Granada: Alborán Editores). La observación nos ayudará a confirmar o refutar las hipótesis diagnósticas que se formularon a partir de la entrevista con los padres. Se debe partir de la observación en el contexto natural, realizada por los padres, con entrenamiento y dirigida a obtener una información amplia de los déficits y excesos conductuales (interacciones y comportamiento durante las mismas, estereotipias, manierismos, comunicación verbal y no verbal, rabietas, etc.). A partir de aquí, centraríamos la evaluación en conductas concretas para obtener datos sobre la topografía y frecuencia de las mismas, contexto en que aparece la conducta y consecuencias. Estos datos se pueden recabar mediante un autorregistro del tipo (Situación/Conducta/Consecuencias: contexto o situación estimular concreta, qué hace o no hace el niño y cómo reaccionan los padres o el entorno). Cualquier intervención que se vaya a realizar sobre conductas que aparecen en el ámbito familiar debe basarse en datos procedentes de la observación de dichas conductas. Una vez finalizada la intervención sobre una conducta concreta volveremos a medir mediante la observación para valorar la efectividad de la intervención. La técnica de observación también la utilizaremos durante las sesiones de intervención con el objetivo de la realización del psicodiagnóstico (ej., contacto ocular, manierismos y conductas estereotipadas, comunicación verbal y no verbal, etc.). La conducta o repertorio sobre el que vayamos a intervenir también se evaluará mediante la observación antes, durante y después de la intervención (concepto de *Medición continua de los resultados de la terapia)*. Veamos un ejemplo: El niño nos mira a los ojos ante la instrucción *¡Mírame!* el 25% de las veces. Iniciamos una intervención mediante la técnica de reforzamiento positivo (Ver: Maldonado, A.L., 2021. *Técnicas de Modificación de Conducta.* Granada: Alborán Editores). Tras 7 sesiones de intervención volvemos a evaluar mediante la observación. El niño nos mira a los ojos, ante la instrucción *¡Mírame!* el 40% de las veces. Esto significa que la intervención está aportando los resultados esperados. Continuaríamos hasta cumplir nuestro objetivo, que probablemente sea que nos mire a los ojos ante dicha instrucción al menos el 95% de las veces.

III. TRATAMIENTO DE LOS TRASTORNOS DEL ESPECTRO AUTISTA

1. Tratamiento del Trastorno del Espectro Autista

El tratamiento va encaminado a la rehabilitación de todas las áreas importantes para que el niño pueda desarrollarse a través de la interacción con el medio de la forma más rápida y adecuada. Existen programas completos para el desarrollo de cada área por lo que el lector puede remitirse a varios de los manuales que se citan en la bibliografía. No obstante, a continuación, detallamos algunos de los aprendizajes necesarios para el niño:

A. Entrenamiento en Repertorios Básicos de Conducta

Hay que tener en cuenta que el objetivo del entrenamiento es implantar una *clase de conducta.* Habitualmente, consideramos entrenada una clase de conducta una vez entrenadas 4 conductas diferentes de una misma clase. Por ejemplo, respecto a la clase de conducta *seguimiento de instrucciones simples,* entrenamos el seguimiento de 4 instrucciones simples: "Juanito, siéntate", "Juanito, coge el lápiz", "Juanito, bebe agua" y "Juanito, levántate". A veces, será necesario entrenar más de 4 conductas de una misma clase para considerar entrenada esa clase de conducta.

También hay que tener muy presentes las reglas sobre la selección y administración del reforzador. Si el sujeto funciona con reforzadores sociales, por ejemplo, no utilizaremos reforzadores comestibles. Si no responde ante los reforzadores sociales, usaremos reforzadores comestibles, administrándolos siempre de forma contingente a la administración de un reforzador social: "¡Muy bieenn!".

La terapia psicológica con niños autistas requiere de conocimientos muy especializados sobre el TEA y conocimientos teórico-prácticos muy sólidos sobre las técnicas de modificación de conducta.

Los repertorios básicos de conducta que se indican a continuación son la base de todo el entrenamiento posterior. Por este motivo, a estos repertorios básicos también se les llama *prerrequisitas.*

Además, las prerrequisitas hay que entrenarlas en el orden que en aparecen. Es lógico que, si antes no hemos entrenado *atención,* no podremos entrenar *imitación.* El entrenamiento de las prerrequisitas es imprescindible, también, para poder entrenar el lenguaje. Y la adquisición del lenguaje, a su vez, es necesaria antes de entrenar el *seguimiento de instrucciones.*

1. Atención: inmediata/sostenida.
2. Imitación: simple/compleja.
3. Seguimiento de Instrucciones: simples/complejas

B. Introducción a las Técnicas de Modificación de Conducta

Las técnicas de modificación de conducta se derivan del Análisis Experimental del Comportamiento. Son técnicas que han demostrado suficientemente su efectividad en experimentación animal y humana, así como en una dilatada práctica profesional. En este apartado veremos los conceptos básicos y las técnicas más importantes de aplicación en adultos y en infancia y adolescencia.

La aplicación de un Programa de modificación de conducta para instaurar las prerrequisitas y los repertorios básicos y para reducir o eliminar conductas desadaptativas requiere del manejo teórico-práctico de estos conceptos. Habría que conocer estas técnicas y conceptos a un nivel de especialización superior por lo que proponemos, como manual para profundizar en estos conceptos y técnicas el de Sulzer-Azaroff, B. y Mayer, G. (1991). *Procedimientos del análisis conductual aplicado con niños y adolescentes.* México: Trillas.

Conceptos y Procedimientos Básicos de Modificación de Conducta

Vamos a resumir algunos de los conceptos básicos utilizados en modificación de conducta.

Conducta. Entendemos por conducta tanto la conducta motora observable directamente, como las cogniciones (o conducta verbal interna, conocida por informes subjetivos del sujeto en cuestión) y las emociones (conocidas por autoinformes del sujeto y por la medida de las respuestas fisiológicas).

Reforzador. Es un estímulo que, al ser administrado contingentemente a la ejecución de una conducta, incrementa la probabilidad de ocurrencia de la misma. Esta definición de reforzador, implica una relación funcional entre la conducta y sus consecuencias; es decir, sólo sabremos si un estímulo es un reforzador, después de estudiar lo que ocurre cuando administramos el reforzador contingentemente a la ejecución de la conducta. Los reforzadores pueden ser intrínsecos o extrínsecos, primarios o secundarios.

En el uso de los reforzadores, se recomienda seguir las siguientes *directrices:*

- Una conducta mantenida por reforzadores intrínsecos, no se debe reforzar de manera extrínseca, porque lo que conseguiríamos sería el deterioro de la ejecución de dicha conducta.
- Los reforzadores deben utilizarse siguiendo el siguiente orden: 1) refuerzo intrínseco, 2) refuerzo social, 3) refuerzo de actividad, 4) refuerzo tangible, 5) refuerzo comestible. De esta forma, si la persona responde bien ante el refuerzo social, se utilizarán reforzadores de ese tipo y no los tangibles o comestibles.
- Cuando se utilicen reforzadores tangibles o comestibles, se intentará condicionar el refuerzo social con la administración de los mismos. De esta forma, intentaremos que sea el refuerzo social el que vaya tomando el control de la conducta. Los reforzadores comestibles se utilizarán en pequeñas cantidades para evitar en lo posible el efecto de saciación del reforzador. Si se utilizan dulces pueden producir caries y muchos otros alimentos pueden interferir con la dieta de la persona (generalmente, niño), desequilibrándola.
- El reforzador se administrará siempre inmediatamente después de la ejecución de la conducta.
- El reforzador es más efectivo cuando se administra de manera sorpresiva.
- En la medida de lo posible se deben utilizar los reforzadores naturales, que son las sensaciones corporales que ocurren durante la emisión de la conducta y las consecuencias naturales de la propia realización de la conducta, que son percibidas a través de los sentidos.

Reforzamiento positivo. Es un procedimiento que se utiliza para instaurar y mantener conductas. Se administra un reforzador de forma contingente a la realización de la conducta, consiguiéndose el incremento de la probabilidad de ocurrencia de la misma.

- Para *instaurar* conductas es conveniente aplicar un programa de reforzamiento continuo (RC).

<u>Ejemplo</u>: Queremos entrenar a un niño a sentarse en la silla ante la instrucción simple: ¡Siéntate! Cada vez que se sienta justo después de emitida la instrucción lo acariciamos.

- Para *mantener* conductas es mejor usar un programa de reforzamiento intermitente (RI).

<u>Ejemplo</u>: Lo mismo que el ejemplo anterior, pero, una vez aprendida la conducta, acariciamos al niño sólo cuando obedece nuestra orden tres veces.

Reforzamiento negativo. Es un procedimiento que se utiliza también para instaurar y mantener conductas. La ejecución de la conducta evita la aparición de un estímulo aversivo o lo elimina.

<u>Ejemplo</u>: Una madre compra una chocolatina a su hijo para eliminar el estímulo aversivo que es el llanto continuo del niño. En este caso, la madre estaría sometida a un programa de reforzamiento negativo. El hijo, probablemente, estaría sometido a un programa de reforzamiento positivo.

Extinción. Extinguir una conducta es impedir la aparición de un reforzador que es el que está manteniendo la ocurrencia de dicha conducta, es decir, no dispensar refuerzo ante una conducta que queremos eliminar.

<u>Ejemplo 1</u>: Tras detectarse que la atención de la madre es el reforzador de las travesuras de un niño, se retira dicha atención esperando que se produzca una disminución en la ocurrencia de dichas travesuras.

<u>Ejemplo 2</u>: En un caso de TEA, vemos que el manierismo consistente en agitar ambas manos, está mantenida por refuerzo positivo, mediante la atención familiar que recibe ante dicha conducta. Para extinguir la conducta problema, los familiares han

de dejar de prestar atención visual o verbal ante la emisión de la misma.

Para aplicar extinción hay que conocer cuál es el estímulo reforzador que está interviniendo y poder controlar dicho estímulo. Es necesario tener en cuenta el pico de extinción y que la extinción produce reacciones emocionales negativas como frustración y agresividad.

Castigo. Es un procedimiento que se utiliza para eliminar o disminuir la ocurrencia de ciertas conductas. Consiste en la aplicación de un estímulo aversivo de manera contingente a la ocurrencia de la conducta indeseada. El castigo debe ser lo suficientemente intenso para que no se produzca habituación. Únicamente se debe utilizar cuando hayan fallado los demás procedimientos. Tener en cuenta que quien administra el castigo puede convertirse en un estímulo delta (discriminativo) que predice su aparición y se convertiría en estímulo aversivo condicionado. Además, es muy probable que la conducta se siga produciendo en ausencia del S delta.

Ejemplo: Los guardias de tráfico son estímulos delta que predicen la aparición de castigo (en ese caso castigo negativo), por eso en su presencia es poco probable que cometamos infracciones mientras que si no están presentes será más probable que se cometa alguna infracción.

El castigo no es el método más adecuado para eliminar conductas. Se usará para disminuir una conducta cuando hayan fallado los demás métodos y cuando la no eliminación de la conducta suponga riesgo grave para la vida o integridad del sujeto.

Moldeamiento. Es una técnica que consiste en ir reforzando las aproximaciones sucesivas a la ejecución de una conducta meta.

Ejemplo: Se quiere que un niño autista diga "vaso". Primero se le refuerza decir "o", luego por decir "so" (o algo que se le parezca), luego por decir "aso" y, por último, sólo se le refuerza por decir "vaso".

Control estimular. Consiste en eliminar los estímulos que provocan la aparición de una conducta inadecuada.

<u>Ejemplo 1</u>: Ante la conducta de tirar los vasos y romperlos, se puede impedir que se encuentren los vasos al alcance del sujeto o usar vasos de plástico.

<u>Ejemplo 2</u>: Ante un niño pequeño que toca los enchufes con riesgo de electrocución, se tapan todos con objetos de plástico diseñados para ello.

Imitación o modelado. Se utiliza esta técnica para enseñar una conducta nueva a un individuo o para modificarla, presentándole a un modelo que ejecuta dicha conducta y que es reforzado por ello. Hay que tener en cuenta que antes de utilizar la imitación habremos de haber conseguido la prerrequisita de atención.

<u>Ejemplo</u>: Si quiero enseñar a un niño con discapacidad intelectual a sentarse, uso como modelo a otro niño con características similares (edad, sexo, etc.). Le digo al modelo: *Juanito, ¡siéntate!*, y cuando se sienta le digo *¡Muy bien, Juanito!* Esta experiencia, presenciada por otros niños, favorecerá que éstos imiten la conducta de sentarse.

Instrucciones. Se dan instrucciones al sujeto sobre qué conducta tiene que realizar y cómo realizarla. Se usa también formando parte del modelado. Las instrucciones actúan como estímulos discriminativos que indican que la ejecución de la conducta va a ser reforzada. El seguimiento de instrucciones suele ser un paso previo para conseguir que la conducta del sujeto quede bajo control verbal. Igualmente, antes de utilizar el aprendizaje instruccional habrá que haber entrenado las prerrequisitas atención, seguimiento de instrucciones y la conducta verbal.

Ejemplo: *Juanito, tráeme un vaso.*

Refuerzo positivo de una conducta alternativa o incompatible con la que deseamos eliminar. Consiste en someter a un Programa de Reforzamiento Positivo una conducta alternativa a la conducta indeseada que queremos eliminar.

Ejemplo 1: Un niño que se pellizca en un brazo, causándose lesiones y le reforzamos por dibujar.

Ejemplo 2: Ante la conducta problema consistente en balancear el cuerpo de forma repetitiva hacia adelante y atrás, se le refuerza la conducta de jugar al baloncesto.

Algunas veces, la conducta que vamos a reforzar será incompatible con la ejecución de la conducta problema. Otras veces, la conducta no será físicamente incompatible, pero mientras se esté dedicando a la conducta deseada no podrá dedicarse a la ejecución de la conducta problema.

Ejemplo: Un niño que se come las uñas y le reforzamos por leer novelas. En este caso la conducta de lectura no imposibilita que el sujeto se muerda las uñas, pero lo entorpece.

En cualquier caso, lo relevante en este procedimiento es que el sujeto reciba refuerzo por la conducta incompatible.

Economía de fichas. La ejecución de la conducta meta es reforzada mediante la entrega al sujeto de unas fichas. Estas fichas, posteriormente, podrán ser canjeadas por uno o varios reforzadores. Hay que hacer previamente un muestreo de reforzadores, para luego decidir y explicar el requisito para obtener las fichas. Por último, se establece el número de fichas que será necesario para obtener el reforzador.

Ejemplo: queremos implantar una economía de fichas en un centro de internamiento para que los niños hagan su cama. Primero hacemos un muestreo del reforzador y decidimos que puede ser apropiado usar el reforzador "una hora de televisión pudiendo elegir el programa". Luego hacemos el muestreo de las fichas: les entregamos 5 fichas que podrán intercambiar por una hora de TV. Después acordamos que cada vez que hagan la cama les entregaremos una ficha y que cuando tengan 5 fichas podrán cambiarlas por una hora de TV. Para desvanecer el programa, iremos introduciendo refuerzo social junto a la entrega de las fichas. Luego aumentaremos el requisito para obtener fichas.

Tiempo fuera (time out). Es un procedimiento que consiste en sacar a la persona que emite una conducta disruptiva, fuera del grupo, clase o familia. No se trata de un procedimiento de castigo, puesto que no se le administra a la persona ningún estímulo aversivo. La persona es llevada a un lugar donde no pueda obtener refuerzo positivo. Permanecerá fuera unos 5 minutos.

<u>Ejemplo</u>: En una clase de primaria, la conducta disruptiva de Carlos está interfiriendo constantemente el aprendizaje de los demás alumnos. Hemos observado que la conducta de Carlos puede estar mantenida por la atención que le prestan sus compañeros. Acordamos con Carlos que cada vez que moleste a sus compañeros saldrá de clase y permanecerá en el pasillo junto a la puerta de la clase hasta que lo llamemos.

En esencia, el tiempo fuera consiste en retirar las condiciones del medio que permiten obtener reforzamiento, o sacar a la persona de éstas, durante un determinado periodo, de manera contingente a la emisión de la conducta desadaptada. Se recomienda su uso para intervenir en los siguientes casos: conductas destructivas y agresivas; negativismo y desobediencia; entre otros.

C. Elaboración de un Programa de Modificación de Conducta

Para la realización de un programa que tenga como finalidad modificar una conducta, se deben seguir los siguientes pasos: recoger información sobre la conducta problema, definirla operacionalmente estableciendo la línea base, realizar su análisis funcional, elegir la técnica más adecuada para modificarla, aplicar técnicas para mantener y generalizar los cambios conseguidos y, finalmente, evaluar el proceso seguido.

1. *Recogida de información.* Se recogerá información sobre la conducta problema usando las técnicas adecuadas para ello: entrevista, observación, autoobservación y autorregistro, entre otros.
2. *Línea base.*Se establece la línea base de la conducta antes de iniciar la intervención. Se trata de tener parámetros objetivos de la frecuencia y topografía de la conducta problema. Se define operacionalmente la conducta problema (es decir, indicando cómo la vamos a medir).
3. *Análisis funcional.* Se elabora el análisis funcional de la conducta problema indicando los antecedentes, estímulos discriminativos y consecuentes de la conducta. El análisis funcional nos servirá para construir una hipótesis sobre el inicio y mantenimiento de la conducta problema y a partir de él derivaremos la intervención.
4. *Elección y aplicación de técnicas.* Se eligen las técnicas más adecuadas para la modificación de la conducta problema. Se elabora el Programa de Reforzamiento con su planificación temporal. Se hace el muestreo de reforzadores. Respecto a la elección de técnicas se sigue un orden de prioridades: 1. Extinción, 2. Refuerzo positivo (aquí incluiremos moldeado, modelado, etc.), 3. Refuerzo Negativo y 4. Castigo.
5. *Mantenimiento y Generalización.* Una vez instaurada la conducta apropiada o eliminada la conducta indeseada, hay que mantener los resultados y generalizar al ambiente natural. Para facilitar el mantenimiento, lo que se hace es desvanecer el Reforzador. Para potenciar la generalización de los resultados, lo que haremos será mandar tareas para casa o variar el contexto de entrenamiento, entre otros.
6. *Evaluación final de los resultados.* Se contrastan los resultados obtenidos con la línea base. Si la intervención no ha sido eficaz se revisa el proceso, se determina dónde está el error o los errores y se vuelve al primer paso.

1. Entrenamiento en Habilidades Sociales.

El entrenamiento siguiente también se realiza en el orden señalado. Igualmente, seguiremos el orden establecido para entrenar la conducta verbal. Es decir, primero las ecoicas: *(Juanito, repite lo que yo diga: Agua).* Luego los tactos: *(Di cómo se llama esto -señalando la mesa)., etc.*

- Eliminación del mutismo.
- Aprendizaje de conducta verbal: ecoicas, tactos, intravervales, autoclíticas, etc.
- Programas de mejora de la articulación.
- Programas de conducta social: juegos y seguimiento de normas sociales.

2. Entrenamiento en actividades de Cuidado Personal

- Programa para lavarse.
- Programa para vestirse.
- Control de esfínteres.
- Programa para comer correctamente.
- Programa para lavarse los dientes.

3. Eliminación de Conductas Problemáticas.

- Berrinches.
- Hiperactividad.
- Agresividad.
- Autoestimulación y conductas autodestructivas.

4. Entrenamiento en Repertorios Académicos.

- Aprendizaje de relaciones espacio temporales.
- Aprendizaje de discriminación de formas
- Aprendizaje de discriminación de colores.

- Preescritura.
- Escritura y Lectura.
- Comprensión verbal.
- Comprensión Lectora.
- Programa de aritmética.
- Manejo de dinero.

D. Modelo Conductual de Adquisición del Lenguaje

Dificultades de las que parte el estudio del lenguaje desde una perspectiva conductual:

1. Después de muchos años de teorización e investigación, todavía no sabemos cómo se adquiere el lenguaje.
2. No existe ningún procedimiento validado empíricamente acerca de la efectividad de las técnicas de adquisición del lenguaje.
3. Desconocemos como manipular el SNC para que aparezca el lenguaje, sólo sabemos cómo lesionarlo para que desaparezca.
4. Desde la perspectiva Chomskyana existen ciertos aspectos del lenguaje que son innatos (gramática y sintaxis). Estos aspectos no podrían desarrollarse sólo a través de la experiencia.
5. Aunque los humanos disponemos de las bases neuroquímicas y neuroanatómicas y de las bases anatómico-funcionales para la adquisición y producción del lenguaje, se requiere el contacto con la comunidad para que se pueda adquirir el lenguaje. Las personas que, por circunstancias, se han criado en situación de aislamiento de un grupo humano (ej. *niños salvajes,* encontrados en una selva después de haberse perdido siendo bebés) no han adquirido un lenguaje humano.
6. La adquisición del lenguaje debe producirse a una determinada edad (concepto de *impronta*). Pasado este período es difícil o imposible adquirir el lenguaje. Así, en niños con TEA que no dispongan de conducta verbal, ésta habrá que entrenarla cuanto antes. Lo ideal sería antes o en el entorno de los 2 años. Después de los 5 años de edad la adquisición de la conducta

verbal será difícil o imposible, incluso, con un adecuado entrenamiento.

El lenguaje y la actual teoría del aprendizaje

El niño que va a adquirir el lenguaje debe de realizar 2 adquisiciones:

Adquirir ciertas respuestas que consisten en una discriminación de la salida u output vocal (pato/flor). Es decir, *discriminación entre consonantes y vocales* (conducta fonémica), *discriminación entre palabras* (conducta morfémica) y *discriminación entre oraciones* (conducta gramatical o sintáctica).

Si el niño, sólo es capaz de producir estas respuestas verbales, decimos que existe producción verbal, pero no lenguaje, ya que no existe significado. Esta conducta es fácilmente visible en las repeticiones que realizan los niños pequeños (pa...pa...pa;ma...ma...ma;ta...ta...ta..., etc.).

Para que esta producción verbal adquiera significado, la conducta verbal ha de ocurrir en cierto contexto de estimulación, es decir, que ciertas condiciones externas/internas den lugar a cierta conducta verbal, y que ésta misma conducta adopte función de estímulo para elicitar otra conducta verbal.

Generalidades acerca de cómo enseñar el lenguaje

1. Adquisición de repertorios básicos de conducta (atención, imitación). El seguimiento de instrucciones, como hemos indicado, implica comprensión del lenguaje.
2. Imitación de sonidos simples como: a, b, c, g .... mamá.
3. Una vez adquiridas estas respuestas hemos de situarlas en un contexto de estimulación más extenso. Es decir, entrenar en distintos ambientes para conseguir el proceso de *generalización*.
4. El siguiente paso consiste en entrenar al niño para que sea capaz de describir eventos sencillos del medio (frío, calor, llueve, perro...).

Tipos de conducta verbal

1. *Mandos:* Respuestas verbales que están controladas por estados de privación orgánica o estimulación aversiva y que se mantienen por sus consecuencias positivas o eliminación de las negativas.

P. ej. Estado de deshidratación ⟶ Quiero Agua ⟶ Vaso de agua ⟶ R+ y R-

Niños chillando ⟶ ¡Silencio! ⟶ Niños se callan ⟶ R-

CONTEXTO   CTA. VERBAL   CTA. CONSECUENCIAS

Estas son las primeras respuestas que aparecen en el desarrollo de la conducta verbal del individuo. Algunos investigadores estiman la pertinencia de establecer al principio de la rehabilitación algunos Mandos.

Nos llevamos al niño a correr lo cual genera un estado de necesidad o privación de agua	⟶	Moldeamos la respuesta AGUA haciendo distintas paradas	⟶	Le damos agua en las distintas aproximacione s a la conducta verbal correcta

2. *Ecoicas:* Son respuestas verbales controladas por un estímulo verbal con el que guardan una correspondencia formal de 1 a 1 y una relación temporal estimada no superior a 5 segundos. El estímulo y la respuesta se dan en la misma modalidad sensorial. En definitiva, es la IMITACION VOCAL requisito indispensable para establecer otras operantes verbales.

P. ej. Juan di MAMÁ....................MAMÁ

Estímulo....................Respuesta=correspondencia

3. ***Intraverbales:*** Son respuestas verbales que están bajo el control de un estímulo verbal (escrito o vocal) con el que no guardan ninguna correspondencia formal.

   P. ej.: ¿Cómo te llamas?.............................. **Me llamo Juan**
   Estímulo.. Respuesta

4. ***Textuales:*** La conducta verbal se encuentra bajo el control de estímulos que pertenecen a una modalidad sensorial distinta. Los estímulos son escritos, pictogramas, imágenes, etc. Las textuales pueden ser tactos, intraverbales, etc.
   Ejemplos:

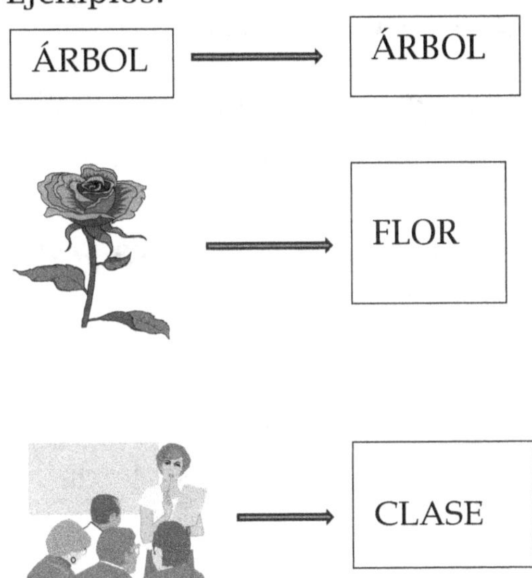

5. ***Tactos:*** Son respuestas verbales controladas por acontecimientos del medio o ciertas propiedades de los objetos. En ocasiones la respuesta verbal está controlada por ciertas propiedades de los objetos y no por el objeto en sí. Por ejemplo, el sujeto puede emitir la respuesta MESA ante ciertas propiedades que tienen todas las mesas. Esto se denomina *extensión genérica del tacto o formación de conceptos en lenguaje cognoscitivo.*

6. *Autoclíticos:* Son conductas verbales controladas por otra conducta verbal. Es decir, el sujeto responde con una respuesta verbal ante un estímulo discriminativo también verbal.

P.ej. *Iremos al cine con mi moto. Sí, porque la mía está rota*

←   →   ←   →

Conducta verbal que sirve de Sd   Respuesta Verbal Autoclítica

Esquema Básico de un Programa de Lenguaje

Programa 1: Construcción de Respuestas Verbales: Se entrena al niño a emitir las respuestas que da el entrenador. P.ej. Papá, mamá, pipa, moto, risa.... En este programa se consiguen un gran número de sonidos, no discriminables, bajo el control imitativo. Es decir, estamos trabajando lenguaje sin significado.

Programa 2: Rotulado de Acontecimientos Discretos: En este programa se enseñan las dos discriminaciones básicas que existen en el lenguaje con respecto a ciertos acontecimientos del ambiente (objetos o actividades). Se enseñan nombres y verbos con los que responder a preguntas tales como:

P.ej. ¿Qué es esto? (enseñándole un muñeco)

      ¿Qué estás haciendo? (cuando el niño esté jugando)

      Si ya sabe emitir la palabra "leche", ésta no se le da hasta que el niño no la verbalice.

Programa 3: Relación entre acontecimientos: Se enseñan preposiciones, conceptos de tiempo, conceptos de lugar, pronombres, conceptos de color, tamaño y forma.

P.ej. ¿Dónde está el gato?....................*Debajo de* la mesa.
¿Cuándo iremos al parque?........Iremos *Mañana*

Programa 4: Conversación: Se enseña al niño a hacer preguntas, a responder a preguntas, a hacer comentarios que sirvan de estímulos para desencadenar conducta verbal en los que le rodean. (P. ej. Cuando no tenemos nada que decir hablamos del tiempo, del trabajo, etc.).

Programa 5: Dar y buscar información en el medio: El objetivo es que el niño aprenda a buscar información en su medio.

P.ej.   ¿Qué hay para cenar?

¿Cuándo viene mamá?

Se colocan dos personas y el niño. La persona A hace una pregunta al niño que puede o no saber, se enseña a preguntarle a la persona B y a devolver la información a la persona A. De esta manera enseñamos también a discriminar entre la información que él sabe y la que tiene que buscar en otras personas.

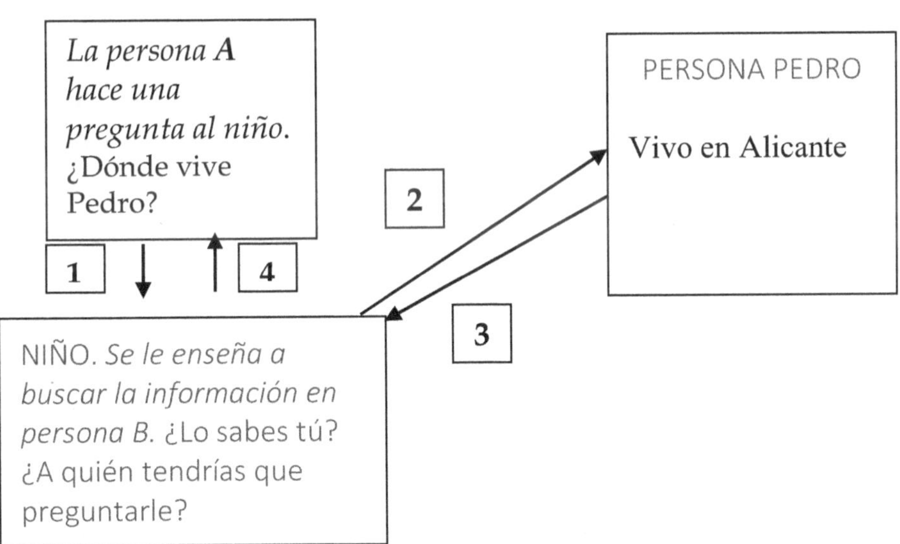

Programa 6: Destrezas Gramaticales: Se entrenan las relaciones gramaticales entre adjetivo-nombre, sujeto-verbo, pasar verbos de presente a pasado, etc.

P.ej   El perro es .... *marrón*

El coche es......... *rojo*

Mamá... *esta*....... en la cocina

El hermano... *estaba*...... malito.

Programa 7: Recuerdo: Una vez que el niño domine ciertos conceptos temporales (primero, último, mañana, hoy, etc.) y sepa transformar verbos, enseñamos al niño a recordar su pasado. Empezamos con Aproximaciones Sucesivas.

P.ej.   ¿Qué estabas haciendo hace un rato?
¿Qué hiciste ayer en el colegio?
 ¿Qué hiciste el sábado?, ¿Adónde fuiste?

Este programa permite, entre otras cosas:

- Hacer que el pasado sea más real para el niño.
- Cuando un niño dice lo que le ocurrió en el pasado, está presentando estímulos funcionales al resto de sujetos que no estaban cuando al niño le ocurrió. Esto permite un mayor acceso a la vida del niño.

Programa 8: Espontaneidad: Se dice que el lenguaje es espontáneo cuando la conducta verbal está controlada por gran variedad de estímulos del medio y no por un conjunto de estímulos muy restringido.

P.ej.   Visión de la figura materna .... Respuesta
          Verbal: MADRE
Visión de una cosa muy estimulante ....Respuesta Verbal:
          ¡MADRE!

Programa 9: Entrenamiento Informal: Se enseña al niño a pedir información acerca de la motivación y los estados emocionales de otras personas, es decir entrenar a empatizar.
P.ej.   ¿Por qué bebe Coca Cola Susana? Porque le gusta.
¿Por qué llora Antonio? Porque se ha caído y se ha hecho daño.
¿Por qué sonríe José? Porque le han hecho un regalo.
¿Por qué cierra los ojos Manuel? Porque tiene sueño.

Para comprender mejor la metodología explicada, en la intervención dirigida a implantar lenguaje (en este caso, en una niña de 5 años con discapacidad intelectual), se puede consultar el artículo de Mari Carmen Vives Montero (2005): Intervención conductual en un caso de retraso mental. *Análisis y Modificación de Conducta, Vol. 31, Núm., 139,* pp.: 629-649.

2. TRATAMIENTO FARMACOLÓGICO

Para comprender las bases en las que se apoyan las intervenciones psicofarmacológicas en el trastorno del espectro autista hay que tener en cuenta la comorbilidad con otros trastornos del comportamiento (Tabla 1). Así, la intervención farmacológica, en la mayoría de las ocasiones, puede tener como objetivo mejorar los síntomas de alguno de los trastornos presentes en un caso concreto de TEA, por ejemplo, TDAH, ansiedad, depresión, etc. En otras ocasiones, la intervención farmacológica tendrá como objetivo eliminar o reducir algunos de los síntomas característicos del TEA como los comportamientos auto y heteroagresivos.

Tabla 4. Trastornos comórbidos relevantes en los trastornos del espectro autista (Popow et al, 2021).

Trastornos/ Comorbilidad	Desarrollo normotípico %	Trastornos del espectro autista %
Trastornos ansiedad	20-40%	11-84%
Trastorno de procesamiento sensorial	7,5-15%	>75%
Trastornos del sueño	22-32%	40-80%
Trastorno por déficit atencional	5-7%	30-75%

Trastorno oposicionista desafiante		30-90%
Discapacidad intelectual	2-3%	25-70%
Trastorno obsesivo compulsivo	2,5%	8-37%
Epilepsia	1-3%	20-34%
Depresión / Trastorno bipolar	2-3%	11-20%
Tics	1-2%	9-20%
Trastorno de procesamiento auditivo central	2-5%	¿?

Pese a los diferentes programas de intervención existentes a nivel educativo y psicológico, no se ha de olvidar,que en el ámbito del trastorno del espectro autista, también impera el uso de la medicación. Aunque no existe ninguna pauta farmacológica que "cure" el TEA, en el sentido de que mejore los patrones de comportamiento característicos de este trastorno, sí se dispone de fármacos que pueden ayudar a reducir o mejorar algunos de las conductas problema que se pueden encontrar en autismo.

Los antipsicóticos se recetan ampliamente a los pacientes con TEA, generalmente, dirigidos a la irritabilidad, descontrol de impulsos y agresión. En concreto, los fármacos más utilizados son: la *risperidona*, para el tratamiento de la irritabilidad relacionada con el TEA, en niños a partir de los 5 años de edad. Actúa, principalmente, como antagonista de los receptores dopaminérgicos D2, y 5-HT2 serotoninérgicos. Es el medicamento más ampliamente estudiado en TEA. Las dosis oscilan entre 0,5 y 3,5 mg./día. Un estudio doble ciego de 8 semanas de tratamiento de risperidona versus placebo, en 101 niños con TEA, observó una mejoría significativa asociada con risperidona frente a placebo en síntomas como irritabilidad, conductas autoagresivas, estereotipias e hiperactividad (Henneberry y cols., 2021 y *McClellan y cols., 2016)*.

Otro estudio, completó 24 semanas de tratamiento con *risperidona*. Posteriormente, se llevó a cabo la interrupción controlada del fármaco. Al comparar la respuesta del fármaco frente al placebo, en 24 niños y adolescentes con TEA, se encontró una tasa de recaída del 67% en el grupo control con placebo. La tasa de recaída fue del 25% para los que continuaron con risperidona (Hoekstra y cols., 2010).

En cuanto a la dosis, otro estudio demostró que, en comparación con el placebo, con dosis de risperidona de 1,25 a 1,75 mg./día, mejora la irritabilidad y el funcionamiento global. Sin embargo, con dosis más bajas (0,25 o 0,75 mg./día) no se obtienen efectos similares (Dietz y cols., 2020). La mayoría de los estudios informaron varios efectos secundarios de la risperidona, como: somnolencia, fatiga, aumento del apetito, aumento de peso y niveles elevados de prolactina en el grupo de tratamiento con risperidona (Anderson y cols., 2007).

El *aripiprazol* se utiliza para el tratamiento de la irritabilidad asociada al TEA entre los 6 y 17 años de edad. El *aripiprazol* es un agonista parcial de los receptores D2 de la dopamina y 5HT1a de la serotonina y antagonista de los receptores 5HT2a de la serotonina.

Los principales estudios sobre el *aripiprazol* mostraron eficacia en el rango de 5 a 15 mg./día (Henneberry y cols., 2021). Otro ensayo aleatorio, doble ciego, controlado, con seguimiento a 8 semanas, en niños de 6 a 17 años, aleatorizados a 3 grupos: 1) Dosis fija (n=166), 2) Flexible (n=47) y 3) Placebo (n=52), mostró una mejoría significativa con respecto al placebo en las puntuaciones de Calidad de Vida Global Infantil, tanto como, en las subescalas de Funcionamiento Emocional y Cognitivo. *Aripiprazol* mejoró la irritabilidad, disminuyó la hiperactividad y mejoró el funcionamiento global, siendo bien tolerado en la población pediátrica con TEA (Varni y cols., 2012).

En otro estudio, llevado a cabo en Japón, se trató a niños de 6-17 años, durante 8 semanas, con dosis variables entre 1-15 mg./día (n=47) y grupo placebo (n=45). Se obtuvo una mejoría en la Escala de Impresión Clínica Global (CGI) y en la Escala de Conductas Disruptivas, (ABC) (subescala irritabilidad), desde la semana 2 a la 847. Los efectos secundarios más frecuentes fueron: sedación, somnolencia, aumento de peso, aumento del apetito, vómitos y síntomas extrapiramidales. También se informó de una reducción significativa de las lipoproteínas de alta densidad. No obstante, sólo se observó un leve aumento en el colesterol total, las lipoproteínas de baja densidad, los triglicéridos y la glucemia en sangre (Marcus y cols., 2011). Por otro lado, no se observaron diferencias significativas en cuanto a la irritabilidad en un ensayo comparado entre *risperidona* y *aripiprazol* (Henneberryy cols., 2021). No obstante, el grupo tratado con *aripripazol* presentó menores efectos secundarios y menor aumento de peso.

Existen pocos estudios, en grupos pequeños de pacientes, para otros antipsicóticos de segunda generación como *quetiapina, olanzapina, ziprasidona, lurasidona y paliperidona* (Henneberry y cols., 2021). De los últimos dos fármacos, sólo se han publicado algunos reportes de casos.

La *olanzapina*, en un estudio doble ciego controlado con placebo de 11 niños entre 6 y 14 años, durante 6 semanas, mostró mejoría en la escala de Impresión Clínica Global Infantil

(CGI-S) 43. La *olanzapina* se asoció con un aumento de peso significativo. En un estudio de 13 semanas con 40 adolescentes, se redujeron las puntuaciones en todas las subescalas de sintomatología. El aumento de peso significativo, a menudo, limita el uso prolongado de *olanzapina,* pese a presentar mejoras en el comportamiento en personas con TEA (Henneberry y cols., 2021 y McClellan y cols., 2016). En algunos estudios se ha demostrado que la *metformina,* en asociación a *olanzapina,* es bien tolerada y se consigue disminuir el aumento de peso o mantener las mejoras previas en el peso en niños y adolescentes con TEA (Anagnostou y cols., 2016) y (Wink y cols., 2017). Sin embargo, se recomienda manejo nutricional preventivo, si no existe opción al uso de *olanzapina.*

Clozapina, generalmente, no se utiliza como primera línea de tratamiento, debido al potencial de eventos adversos significativos, como agranulocitosis y miocarditis. Se ha usado en pacientes con TEA refractarios al tratamiento previo, que muestran conductas disruptivas significativas (Henneberry y cols., 2021 y McClellany cols., *2016).* En dos estudios retrospectivos (n=6, n=12), se observó una disminución significativa en las agresiones, el número total de psicofármacos y en las dosis administradas (Beherec y cols., 2011) *y Rotharmel y cols., 2018).*

Un estudio de casos en cinco adolescentes con discapacidad intelectual e irritabilidad refractaria al tratamiento con *risperidona* y *aripiprazol* mostró que la titulación rápida de *clozapina* fue efectiva y bien tolerada en un entorno hospitalario (*Wink y cols., 2016).* Los efectos secundarios comunes asociados a *clozapina* incluyen aumento de peso, resfriados, síndrome metabólico y somnolencia (Henneberryy cols., 2021 y McClellan y cols., 2016). El control con hemograma seriado es necesario para evaluar el riesgo de agranulocitosis, lo que supone una barrera significativa para el uso de *clozapina* en personas con TEA.

Los niños con discapacidad intelectual o conductas disruptivas graves, a menudo, tienen dificultades para ingerir los fármacos y cumplir con la administración diaria de medicamentos. Esto puede agravarse en el contexto de la irritabilidad excesiva. Los antipsicóticos inyectables de liberación prolongada podrían proporcionar una solución a estas dificultades. Por este motivo se ha extendido su uso, a partir de la experiencia en pacientes con esquizofrenia.

En un estudio prospectivo abierto, de 8 semanas de duración, se utilizó *paliperidona* en 25 adolescentes con TEA, de entre 12 y 21 años. El 84% de los pacientes respondieron significativamente según la escala CGI-Irritabilidad. Se registraron síntomas extrapiramidales de leves a moderados en cuatro participantes y una ganancia de peso media de 2,2 ± 2,6 kg., (Stigler y cols., 2012).

Aunque no hay estudios que analicen la administración de antipsicóticos inyectables de liberación prolongada en niños y adolescentes con TEA, específicamente, el trabajo en otros trastornos psiquiátricos como esquizofrenia sugiere que podrían ser seguros y bien tolerados, con perfiles de efectos secundarios similares a los de los medicamentos orales y asociados a una mejor adherencia y menores costos económicos de tratamiento (Henneberry y cols., 2021).

Los *inhibidores selectivos de la recaptación de serotonina (ISRS)* se consideran de primera línea en el tratamiento de muchos trastornos del estado de ánimo y ansiedad en personas con desarrollo típico. La evidencia, sin embargo, no respalda el uso de los ISRS para el tratamiento de los síntomas centrales de los TEA en la niñez y la adolescencia temprana, incluidos los comportamientos repetitivos (Henneberry y cols., 2021) y (Vasa y cols., 2016). Aun así, son una herramienta en la práctica clínica en casos de comorbilidad (Tabla 4), (Vasa y cols., 2016).

Los medicamentos *estabilizadores del ánimo,* como los anticonvulsivantes y el litio, pueden utilizarse en pacientes con TEA para tratar la desregulación del comportamiento, el trastorno bipolar comórbido u otro comportamiento disruptivo, pero los estudios no son concluyentes. El *ácido valproico* en monoterapia (n=30), entre 6 y 20 años de edad, con conductas autoagresivas, con niveles plasmáticos sobre 75 µg/ml, no demostró disminuir significativamente la irritabilidad en niños y adolescentes con TEA (Hellingsy cols., 2005).

Ensayos de monoterapias con *lamotrigina* (n=27), realizados con un grupo de niños de entre 3 y 11 años, a doble ciego y durante 8 semanas, evaluaron la respuesta 4 semanas después, sin evidenciarse cambios significativos. El *levetiracetam* no mostró eficacia para mejorar la irritabilidad en niños con TEA (n=20) entre 5 y 17 años (Belsito y cols., 2001).

El *litio,* como estabilizador del estado de ánimo, aprobado para el tratamiento de la manía asociada con el trastorno bipolar, en un estudio de 30 adolescentes con TEA, hospitalizados en unidad de atención conductual especializada en autismo (Siegel y cols., 2014), mostró una mejoría clínica en el 44% de los pacientes. Ésta mejoría se asoció significativamente con la disminución de síntomas maníacos/eufóricos previos al tratamiento (Siegel y cols., 2014). Los desafíos para el uso de *litio* en los TEA incluyen la necesidad de monitorear los niveles plasmáticos y los riesgos de alteraciones tiroideas y renales, entre otros efectos adversos (Henneberry y cols., 2021).

El trastorno por déficit de atención con hiperactividad (TDAH) se asocia con una amplia comorbilidad psiquiátrica, incluido el trastorno del espectro autista (TEA) y se cree que alrededor del 30 al 75% de las personas con TDAH cumplen los criterios de TEA (Baribeau y Anagnostou, 2022). Los síntomas de hiperactividad e impulsividad pueden ser significativamente perjudiciales (Mayes y cols., 2020).

Existen múltiples estudios sobre *metilfenidato* que demuestran una reducción de la hiperactividad e impulsividad en niños y adolescentes con TEA tratados. Con tratamiento precoz de *metilfenidato*, en adolescentes con autismo y trastornos relacionados (n=82), se demostró una tasa de respuesta clínica del 49% (definida por una reducción de $\geq 25\%$ en la subescala de hiperactividad) con una tasa de abandono del 18% debido a reacciones adversas, más frecuentemente, irritabilidad. Si bien el uso de *metilfenidato* se asoció con una mejoría clínica significativa en comparación con el placebo, la tasa de respuesta y el perfil de tolerabilidad de *metilfenidato* en adolescentes con autismo no fueron tan eficaces como en estudios similares de adolescentes con TDAH, pero sin autismo. Los estudios no han demostrado que el *metilfenidato* tenga beneficios para otras conductas, como las estereotipias, los comportamientos repetitivos o las conductas oposicionistas en el contexto del autismo. Los efectos adversos con el uso de *metilfenidato* en el autismo son comunes, como son la disminución del apetito, insomnio e irritabilidad. Algunos estudios postulan que estas reacciones adversas son más frecuentes en las personas con TEA y TDAH que en las personas que sólo presentan TDAH (Henneberry y cols., 2021). La investigación sobre el uso de psicoestimulantes en adultos con TEA y TDAH es bastante limitada. Sin embargo, una revisión retrospectiva (que incluyó el tratamiento con *metilfenidato, dexanfetamina, atomoxetina y bupropion*) reportó que, tanto los grupos de TDAH, como los de TEA más TDAH, experimentaron resultados similares en niveles de eficacia del tratamiento y en efectos adversos (Henneberry y cols., 2021). La *atomoxetina* es un inhibidor de la recaptación de norepinefrina, aprobado para el tratamiento del TDAH, y que ha demostrado resultados clínicos mixtos en personas con TEA (Arnold y cols., 2006) y (Harfterkamp y cols., 2012).

En relación a la *clonidina* y *guanfacina,* medicamentos agonistas del receptor alfa 2A, evaluados en 62 niños con edad media de 8,5 años, tratados durante 8 semanas, se observó utilidad para reducción de la hiperactividad (44% vs 13% grupo placebo), con una tasa de respuesta positiva en la escala CGI-I (50% vs 9% grupo placebo) y en mejorar la atención en pacientes con TEA. Sin embargo, su vida media corta y el efecto secundario de la sedación e hipotensión, pueden limitar su utilidad clínica para los síntomas de hiperactividad durante el día (Scahill y cols., 2015).

Los pacientes con TDAH y TEA, en comorbilidad, tienen un deterioro más severo a nivel de grupo, por ejemplo, respecto al funcionamiento adaptativo y el control ejecutivo. Debido a la falta de tratamientos eficaces para los síntomas centrales de TEA, sería importante optimizar el tratamiento de las comorbilidades. Algunos estudios mostraron que los medicamentos para el TDAH fueron menos tolerados en niños y adolescentes con TEA, presentando mayores tasas de abandono debido a efectos secundarios.

Los ensayos clínicos aleatorizados disponibles muestran que los medicamentos para el TDAH, por ejemplo, el *metilfenidato* y *atomoxetina* mejoran los síntomas del TDAH en niños y adolescentes con TEA.

La *N-acetilcisteína (NAC)* participa en la regulación de los niveles de glutamato extracelular y actúa como antioxidante en la restauración del glutatión intracelular. Se ha planteado la hipótesis de que el estrés oxidativo, debido a la deficiencia de glutatión, es un posible factor causal en la patogenia del trastorno del espectro autista (Baribeau y cols.,2022) y (Hardan y cols., 2012). El glutatión también se ha relacionado con las frecuentes disfunciones gastrointestinales e inmunológicas en las personas con TEA. Por lo tanto, la *N-acetilcisteína* puede servir como una posible opción de tratamiento debido a su importante papel limitante en el metabolismo del glutatión.

La *N-acetilcisteína* tiene evidencia mixta para su uso en TEA. Una revisión de 2012 en jóvenes con diagnóstico de TEA (n=33, de entre 3 y 10 años) observó una reducción en la irritabilidad, en el comportamiento repetitivo y en la hiperactividad (Hardan y cols., 2012). Sin embargo, dos estudios en adolescentes con TEA, el primero con 31 niños, de entre 4 y 12 años (Wink y cols., 2016), y el segundo, con 102 niños de entre 3 y 9 años (Dean y cols., 2017), no demostraron una mejoría clínica significativa.

Un estudio realizado en el 2015, (n=40 pacientes, entre 4 y 12 años) que comparó 2 grupos: 1) *risperidona* más *N-acetilcisteína*, y 2) *risperidona* más placebo, a dosis de *N-acetilcisteína*, de 600 a 900 mg./día y dosis de r*isperidona* de 1 a 2 mg./día, demostró una disminución de la puntuación de la subescala de irritabilidad desde el inicio a las 5 y 10 semanas de observación. La *N-acetilcisteína* se puede considerar como una terapia coadyuvante para TEA con resultados terapéuticos beneficiosos (Nikoo y cols. 2015). No obstante, se requieren más estudios para valorar el uso regular de *N-acetilcisteína*.

En ningún caso los fármacos pueden ser considerados el tratamiento por excelencia, dado que, a lo sumo, pueden suponer un establecimiento de operaciones o un evento disposicional a partir del cual se han de aplicar programas de intervención psicológicos y educativos como los ya indicados.

3. REVISIÓN DE TRATAMIENTOS PSICOLÓGICOS DEL TEA

A. Introducción

Pérez y Pérez, (2018), tras una revisión sobre los tratamientos en TEA, llegan a la conclusión de que *las aproximaciones terapéuticas de corte conductual son las que hasta ahora han recibido un mayor respaldo empírico. Además, el inicio temprano, el carácter intensivo, la elevada estructuración, la intervención paterna y la actuación sobre el lenguaje constituyen características esenciales de cualquier intervención que pretenda ser eficaz.*

Respecto a los tratamientos farmacológicos, algunas de las prescripciones médicas más comunes entre los pacientes con TEA son los antipsicóticos atípicos, los estimulantes, los Inhibidores Selectivos de la Recaptación de Serotonina (ISRS) y los antiepilépticos (Doyle y McDougle, 2012; Myers, 2007; Myers y Johnson, 2007; Roberts, 2004). Hay que tener en cuenta que las conductas agresivas presentes en algunos pacientes con TEA disminuyen la eficacia del resto de aproximaciones terapéuticas y, en ocasiones, las hacen inviables. Por eso, un tratamiento farmacológico que mitigue la intensidad de algunos síntomas propios del autismo, puede actuar como facilitador de la implementación de una estrategia de intervención de corte psicológico (Fitzpatrick y cols., 2016; González y cols., 2005).

Sin embargo, la evidencia señala que, aunque las intervenciones farmacológicas consiguen paliar algunos de los síntomas presentes en los TEA, en la actualidad no se dispone de psicofármacos específicos que pongan fin a la sintomatología central (González et al., 2005; Mulas et al., 2010; Myers, 2007; Roberts, 2004).

Dentro de las intervenciones psicológicas basadas en el Modelo Conductual destaca el *Modelo Lovaas* (1987). Este psicólogo diseñó una estrategia de tratamiento basada en los siguientes pilares: intervención temprana (inicio a los 2 años o antes, siempre que sea posible), de carácter intensivo (40 horas semanales), mediante el empleo de técnicas operantes y con una duración de, al menos, dos años (Lovaas, 1987). Transcurridos los veinticuatro meses de intervención, Lovaas observó que los participantes sometidos a esta estrategia habían aumentado su Cociente Intelectual (CI), indicador que empleó para validar la eficacia de su intervención (Cautilli, Hancock, Thomas, y Tillman, 2002; Herbert y Brandsma, 2002; Volker y Lopata, 2008). A partir de este planteamiento, diversos autores han llevado a cabo estudios similares obteniendo resultados similares (Butter, Mulicky Metz, 2006; Cohen, Amerine y Smith, 2006; Eikeseth, Smith, Jahr y Eldevi, 2007). Sin embargo, la metodología de Lovaas no ha estado exenta de críticas, sobre todo, porque los logros obtenidos tras la aplicación de su modelo eran difíciles de generalizar a otros ambientes y porque sus investigaciones contaban con errores metodológicos. Por ello, debemos interpretar sus resultados con cautela (Alessandri, Thorp, Mundy y Tuchman, 2005; Lovaas, Koegel, Simmons y Long, 1973; Shea, 2005).

Las aportaciones iniciales del modelo conductual al campo de estudio del autismo han ido cambiando a lo largo del tiempo y, mediante la incorporación de estrategias tales como el *Pivotal Response Training* (PRT) (Koegel, Koegel y Harrower, 1999; Koegel, Koegel, Shoshan y McNerney, 1999), han dado lugar al *análisis conductual aplicado contemporáneo, ABA* por sus siglas en inglés- *Applied Behaviour Analysis*, (Mulas et al., 2010). Este tipo de intervención tiene como objetivo, a través del refuerzo positivo, la extinción, el tiempo fuera o el castigo, instaurar conductas adaptativas y eliminar comportamientos problemáticos en niños con autismo. Además, defiende la intervención temprana y el entrenamiento de los padres en técnicas de modificación de conducta (Francis, 2005). Fuentes et al. (2006), destacan que *en todos los estudios revisados se muestra un beneficio cognitivo y funcional [en los participantes] después de recibir al menos 20 horas de terapia a la semana basada en los principios de modificación de la conducta (ABA)* (p. 157). En esta misma línea, Lindgren et al. (2016) destacan los efectos positivos de la metodología ABA sobre los problemas de comportamiento manifestados por niños con TEA con edades comprendidas entre los 21 y 84 meses. Por su parte, Eikeseth et al. (2007) observaron que los participantes que habían recibido un tratamiento basado en el análisis conductual aplicado manifestaban una mejora de su inteligencia y de su comportamiento adaptativo. Como consecuencia de los buenos resultados obtenidos tras su aplicación, diversas investigaciones concluyen que los programas de intervención que tienen en cuenta el análisis conductual aplicado contemporáneo se configuran, en la mayor parte de los casos, como el tratamiento de elección (Ejiyeh, Abedi y Behnamnejad, 2015; Handleman y Harris, 2005; Matson, Sipes, Fodstad y Fitzgerald, 2011; Vismaray Rogers, 2010).

Las intervenciones evolutivas, en el contexto del tratamiento de los trastornos del espectro autista, se centran en la adquisición de habilidades de la vida diaria, así como en la mejora de la competencia social del paciente (Mulas et al., 2010). Dentro de este apartado encontramos diferentes técnicas entre las que destaca la *Responsive Teaching (RT) o Educación en Sensibilidad* (Mahoney, Perales, Wiggers y Herman, 2006). Se trata de una intervención diseñada para ser implementada por los padres y centrada en tres focos principales: el área cognitiva, el área comunicativa y el área socioemocional (Mahoney et al., 2006). En un estudio llevado a cabo por Mahoney y Perales (2003), en el que se aplicó la *RT* durante un periodo medio de once meses a veinte niños de entre dos y cinco años, con diagnóstico de autismo y a sus padres, los resultados obtenidos indicaron una mejora en el funcionamiento socioemocional de los infantes, así como una disminución en los problemas de conducta. Además, se observó que los cambios en el comportamiento de la madre explicaban el 20% de la varianza de los cambios observados en la conducta de los hijos (Mahoney et al., 2006). Hartford (2011) confirmó la hipótesis de que los cuidadores de los niños que presentan una sintomatología autista más severa poseen un estilo comunicativo más directivo e intrusivo que los cuidadores de los niños que manifiestan un menor número de síntomas. Tras comprobar que la *RT* disminuye los niveles de directividad y aumenta el grado de sensibilidad en las interacciones entre los menores autistas y sus padres. Esta autora defiende el empleo de la técnica tanto en niños con TEA como en aquellos que son candidatos al diagnóstico.

Dentro de las intervenciones basadas en terapias encontramos las intervenciones basadas en la comunicación, las intervenciones basadas en la familia y las terapias combinadas:

- Los *sistemas alternativos y/o aumentativos de la comunicación,* también conocidos como *SAAC* (Ganz, 2014), son herramientas de interacción distintas al lenguaje oral, que tienen como finalidad aumentar y/o compensar los problemas de comunicación que presentan muchos niños con TEA. Uno de los principales métodos dentro de esta categoría es el *Picture Exchange Communication System (PECS).* Es un sistema de comunicación por intercambio de imágenes, en castellano (Bondy y Frost, 1994). El principal objetivo de este modelo es que el niño aprenda a comunicarse con su entorno. Para ello, y aprovechando el procesamiento predominantemente visual de los pacientes con TEA, la *metodología PECS* combina la palabra con apoyos visuales (Nedelcu y Buceta, 2011). Diversas investigaciones apuntan a que el *sistema PECS* da lugar a un incremento en el comportamiento sociocomunicativo de los niños con problemas del desarrollo y añaden el número de conductas problemáticas como una segunda variable que puede verse disminuida a través de esta metodología (Charlop, Carpenter, Le, LeBlanc y Kellet, 2002; Hart y Banda, 2010; Lerna, Esposito, Conson y Massagli, 2014 y Preston y Carter, 2009).

- El Programa Hanen, *More Than Words* (Sussman, 1999) constituye un claro ejemplo de las intervenciones que consideran a la familia como un elemento clave del tratamiento. Consiste en un protocolo de intervención temprana que tiene por finalidad dotar a los padres de las estrategias necesarias para potenciar las habilidades comunicativas de sus hijos. Se trata de una combinación de sesiones individuales y grupales a través de las que los progenitores aprenden a convertir las actividades diarias de los menores en experiencias de aprendizaje (Roberts, 2004). Son numerosos los estudios que ponen de manifiesto que la intervención de los padres de los pacientes con TEA en el tratamiento de sus hijos da lugar a un descenso de las conductas disruptivas en los infantes, a una mejora en los sistemas de crianza y a una disminución del estrés paterno como consecuencia de un aumento en su sentimiento de competencia (Canal, García, Santos, Bueno y Posada, 2014; Girolametto, Sussman y Weitzman, 2007; McConachie, Randle, Hammal y Le Couteur, 2005).

- El *Método TEACCH, Treatment and Education of Autistic and Related Communication Handicapped Children* (Mesibov, Shea y Schopler, 2004) se engloba dentro de las terapias combinadas. También conocido como enseñanza estructurada, tiene la finalidad de adaptar el ambiente al paciente y no a la inversa. Para ello, entre sus componentes principales se encuentran la organización física del medio, la elaboración de una secuencia predecible de actividades y el uso de apoyos visuales como pictogramas (Myers y Johnson, 2007). Además, la *Metodología TEACCH* reconoce la importancia de entrenar a los padres como coterapeutas. Panerai et al. (2009), llevaron a cabo una investigación en la que concluyeron que la aplicación de la enseñanza estructurada daba lugar a una mejora en la imitación, las motricidades fina y gruesa, la comunicación y el comportamiento adaptativo de los niños con autismo. También se ha observado que la implementación del *Programa TEACCH* produce una disminución del estrés materno, lo que se traduce en un aumento de la eficacia frente a cualquier otro modelo de intervención que se aplique al mismo paciente (D´Elia et al., 2014 e Ichikawa et al., 2013).

Las conclusiones que se derivan de la revisión de las distintas intervenciones en TEA, en primer lugar, y como se deriva de los planteamientos propuestos inicialmente por Lovaas (1987) son que las intervenciones de corte conductual son las que en la actualidad cuentan con una mayor evidencia empírica (Fuentes et al., 2006; Lindgren et al., 2016; Mulas et al., 2010; Vismara y Rogers, 2010 y Volker y Lopata, 2008). Por ello, se deduce que tres de las características de una intervención eficaz para el autismo deben ser a) su inicio temprano, b) su alto nivel de estructuración y c) su carácter intensivo, resultados que coinciden con las aportaciones previas de otros autores (Fuentes et al., 2006; Martos y Llorente, 2013; Mulas et al., 2010). Además, se ha observado que existe una relación entre el comportamiento de los progenitores, especialmente el de la madre, y la severidad de la sintomatología autista en sus hijos. Esta relación puede amortiguarse a través de la aplicación de la *RT* (Mahoney et al., 2006; Hartford,2011), del *Programa HANEN, More Than Words* (Canal et al.,2014; McConachie et al., 2005; Girolametto et al., 2007; Sussman, 1999) o de la *Metodología TEACCH* (D´Elia et al., 2014; Ichikawaet al.,2013; Mesibov et al., 2004) como ya señalaron Martos y Llorente (2013). Por otro lado, y como consecuencia de los problemas de comunicación presentes en muchos de los pacientes con TEA (Mendoza y Muñoz, 2005), se consideró necesario el diseño de estrategias de intervención centradas en la comunicación. El *Sistema PECS* (Bondy y Frost, 1994) mejora la competencia lingüística de las personas con discapacidad y disminuye las conductas problemáticas delos pacientes con TEA (Charlop et al., 2002; Hart y Banda, 2010; Preston y Carter, 2009). Finalmente, las intervenciones farmacológicas, pese a no ser capaces de acabar con los síntomas centrales del autismo (González et al., 2005; Mulas et al., 2010; Myers, 2007 y Roberts, 2004), pueden actuar como elemento coadyuvante de la terapia psicológica al disminuir la severidad de una sintomatología que dificulta la aplicación de otras intervenciones terapéuticas (Fitzpatrick et al, 2016 y González et al, 2005).

En resumen, los resultados obtenidos apoyan una intervención basada en los principios del aprendizaje y caracterizada por su inicio temprano, su carácter intensivo, su alta estructuración, su actuación sobre el lenguaje y la consideración de los padres como agentes esenciales en el tratamiento de sus hijos. A partir de ese momento, la elección de una estrategia u otra dependerá de los objetivos de la intervención, de la idiosincrasia del paciente y de la evaluación previa del mismo.

4. TERAPIAS ALTERNATIVAS EN TEA

A. Introducción

Teniendo en cuenta las conclusiones a las que hemos llegado a partir de la revisión sobre los diferentes tratamientos del TEA, que compartimos en su totalidad, a continuación realizamos un recorrido por las diferentes terapias alternativas que se han utilizado en TEA, para su conocimiento, para formarnos nuestra propia opinión sobre las mismas y porque pensamos que, en programas de intervención comunitaria, aun siendo la terapia de conducta, con apoyo farmacológico (en los casos necesarios) el tratamiento de elección, algunas de estas terapias pueden aportar cierta mejoría que no podemos despreciar.

Antes de exponer las terapias alternativas que se han propuesto para el TEA, insistimos en algunas consideraciones:

1. Las terapias alternativas no son el tratamiento de elección en TEA y nunca deben ser la única intervención.
2. Las terapias alternativas, en concreto, la equinoterapia y la hidroterapia, al consistir en actividad física, supondrán unos beneficios en la mejora de características físicas: coordinación, fuerza, equilibrio, elasticidad, mejora de la capacidad cardiorrespiratoria, estimulación sensorial, etc. Además, al suponer actividad física, tienen potencial para mejorar los niveles generales de ansiedad y depresión.
3. Para que un niño/a se beneficie de las terapias alternativas es necesario que, previamente, disponga de un nivel adecuado en los repertorios conductuales, en concreto en: atención, imitación y seguimiento de instrucciones, y, por supuesto, que disponga de un nivel adecuado de lenguaje.

4. Las terapias alternativas son actividades sociales, que se realizan en grupo y en las que hay un instructor-terapeuta. Por ello, si se dan los requisitos del apartado anterior supondrán el marco adecuado en el que poner en práctica las habilidades sociales y posibilitarán el desarrollo de relaciones socio-afectivas.

5. Las terapias alternativas suponen, para la mayoría de los niños/as, una actividad agradable, por lo que ayudarían a mejorar el estado de ánimo de los niños/as.

B. Musicoterapia

El uso de la expresión musical, como recurso de intervención con niños autistas, está siendo de gran utilidad para superar los problemas de adaptación que estos niños suelen presentar dentro del aula.

La música constituye un elemento básico en la vida del ser humano que une la vida de los sentidos, la vida de las emociones y sentimientos con la esfera de los valores.

Conseguir la expresión a través de la intervención musical debe realizarse, como indica Benenzon, en tres fases sucesivas:

1. *Nivel de regresión*: el niño es sometido a sonidos empáticos y se produce la apertura de canales de comunicación y la ruptura de núcleos defensivos. Se usan técnicas de musicoterapia pasiva o receptiva (el niño es sometido a sonidos sin consignas previas).

2. *Nivel de comunicación*: el niño se comunica con el musicoterapeuta, quien aprovecha los canales de comunicación, que se abrieron anteriormente, para introducirse como ser humano.

3. *Nivel de integración*: el niño se comunica con el medio que lo rodea y su grupo familiar aprovechándose los canales comunicativos de los niveles anteriores.

Para comenzar este proceso habrá que encontrar los sonidos, la música que esté en consonancia con los gustos del niño, su música personal. Y a continuación seleccionaremos un instrumento que reproduzca esa música, lo que convierte a dicho instrumento en un objeto intermediario.

Los sonidos, normalmente, más eficaces están relacionados con contextos primitivos relacionados con los primeros meses de vida del niño, incluso aquellos que oyó durante el embarazo: latido cardíaco, ruidos intestinales, sonidos de inspiración y espiración, la voz interna de la madre, etc.

Algunos de los objetivos que se pretenden alcanzar con el uso de la musicoterapia son:

1. Mejorar la coordinación motriz gruesa y fina.
2. Aumentar la atención.
3. Desarrollar la consciencia corporal.
4. Desarrollar habilidades sociales.
5. Desarrollar la comunicación verbal y no verbal.
6. Facilitar el aprendizaje de conceptos preacadémicos y académicos básicos.
7. Interrumpir y alterar patrones de conducta ritualistas y repetitivos.
8. Reducir la ansiedad, las rabietas y la hiperactividad.
9. Educar la percepción sensorial y la integración sensoriomotora.

Las técnicas que se usan para conseguir estos objetivos son:

1. Ejercicios de vocalización.
2. Cantar con acompañamiento frecuente de percusión corporal.
3. Movimiento, incluyendo la danza, el movimiento creativo, los ejercicios rítmicos y las técnicas de imitación.
4. Juegos musicales.

5. Interpretación instrumental, utilizando técnicas de imitación y de improvisación, tanto en sesiones individuales como de grupo.

6. Audición musical.

Hay constancia de la existencia de diferentes áreas de cambio terapéutico hacia las que se puede dirigir la musicoterapia para tratar el problema que nos ocupa, el trastorno del espectro autista:

- *Fisiología*: velocidad del corazón, presión sanguínea, respiración, etc.
- *Psicofisiología:* dolor, niveles de consciencia, estado de tensión/relajación, etc.
- *Esquemas sensomotrices*: respuestas reflejas y su coordinación.
- *Percepción*: percepciones figura/fondo, parte/todo, etc.
- *Cognitiva*: atención, aprendizaje, conocimientos, etc.
- *Comportamiento*: nivel de actividad, vigilancia, seguridad, etc.
- *Música*: preferencias, hábitos, tendencia rítmica, etc.
- *Emociones*: variabilidad, ansiedad, agresividad, etc.
- *Comunicación:* destrezas receptivas y expresivas en el habla, lenguaje, comunicación no verbal, etc.
- *Interpersonal*: sensibilidad, intimidad, tolerancia, etc.

Respecto a la eficacia de la musicoterapia en niños/as con TEA, la revisión de Cancho, J. (2023) llega a la conclusión de que *la musicoterapia aporta beneficios y mejora la calidad de vida en niños con TEA siempre que se realice una planificación previa de las sesiones y se tengan en cuenta las necesidades y características concretas de los niños/as.*

MeghaSharda et al, (2018) realizaron un estudio controlado y aleatorizado con una muestra de 51 niños en edad escolar con TEA. Los resultados indicaron que en los niños tratados con musicoterapia mejoró la conectividad cerebral intrínseca, la comunicación social y la calidad de vida individual y familiar. Respecto a la conectividad cerebral se evidenció una reducción en las conexiones excesivas existentes entre distintas zonas de la corteza sensorial. En comunicación social: se detecta una mejora en aspectos como la pragmática, las iniciaciones de interacciones o los intereses cotidianos. Respecto a la calidad de vida familiar: se produjo una disminución del nivel de estrés de los progenitores que derivó en una mejor interacción familiar y cohesión.

Rabeyronet al (2020), en un estudio con 37 sujetos, controlado y aleatorizado, concluyeron que, para conseguir beneficios, que minimicen el impacto de la TEA en los niños, resulta mucho más efectivo escuchar música en base a un plan terapéutico que hacerlo libremente. También detectaron una mejora en el control de las estereotipias en los niños tratados en base a un plan definido. Sin embargo, las estereotipias incluso empeoraron en el grupo en el que la musicoterapia no se realizó siguiendo una planificación previa. También apreciaron una disminución del nivel de letargia en la situación de los niños con tratamiento de música controlado.

El estudio, controlado y aleatorizado, llevado a cabo por Seyyed, Nabiollah, Ghasemtabar, et. al. (2015), concluyó que: Participar en actividades en grupo, planificadas de forma previa, cuya protagonista sea la música, ayuda a los niños con TEA a acabar con las dificultades que presentan a la hora de relacionarse con otros niños, haciendo efecto sobre la atención, el afecto o la empatía. Una vez que los niños adquieren las habilidades necesarias para poder iniciar una interacción social efectiva, son capaces de establecerla sin ayuda de la música.

Lense, et al, (2020) realizaron un estudio experimental mixto, con encuesta, en una muestra de 28 niños con TEA. Los resultados indicaron que la participación en actividades fundamentadas en el uso de la música favorece el bienestar, tanto de los niños con TEA, como de sus padres. Se encontró que los niños aumentaron su nivel de actividad durante las sesiones, gracias a intervenciones que promueven la creación de experiencias emocionales positivas, útiles para establecer relaciones efectivas con otros niños que participen también en las actividades. Con respecto a los padres, se encontró que aprenden a hacer uso de estrategias basadas en la música, que ayudan a reforzar la interacción y la relación padre-hijo en el día a día. Los investigadores también destacan el establecimiento de vínculos de amistad entre ellos, al compartir experiencias similares, que despiertan sentimientos como la empatía.

Sánchez et al, (2021), tras una revisión sistemática llevada a cabo en España llegaron a las siguientes conclusiones respecto a los beneficios terapéuticos de la musicoterapia en niños/a diagnosticados de TEA: Las terapias complementarias, entre las que se encuentra la musicoterapia, son un método alternativo al tratamiento farmacológico, que ha despertado mucho interés entre las familias con hijos diagnosticados de TEA. Se ha demostrado que tienen efectos beneficiosos como la mejora de los comportamientos sociales, las habilidades no verbales, la producción del habla, incluyendo la pragmática, la semántica o la fonología; la comprensión del lenguaje o los niveles de atención. También ayudan al establecimiento de vínculos afectivos tanto con sus familiares como con sus compañeros de clase u otras actividades, a la reducción del estrés y a la disminución del sentimiento de impotencia parental frente a determinadas situaciones.

C. Hidroterapia

Por los relatos de las familias se conoce la afinidad de estos niños por el agua, incluso muchos de ellos saben nadar, disfrutando en el medio acuático. Hay teorías que plantean que la actividad acuática regula el control vestibular, incidiendo en estas alteraciones sensoriales, por lo que también se reducen síntomas más específicos relacionados.

Este programa se lleva a cabo con un médico y un monitor que supervisa las actividades acuáticas.

1. Al introducir al niño en el agua, se realiza un período de adaptación basado en las propiedades físicas del agua:

- *Adaptación mental*: introducirlo al agua siempre en brazos del terapeuta, mojándole la cara para que tenga la certeza de que el agua no le va a hacer daño
- *Separación*: acercándolo y separándolo del terapeuta para generar autoconfianza en el niño, evitando que el terapeuta se convierta en chaleco salvavidas físico y mental.
- *Rotación*: colocando al paciente en las posiciones que utilizaremos en el agua para realizar la terapia.
- *Equilibrio*: enseñándole a mantener la armonía y tranquilidad.
- *Desplazamientos por encima del agua*: mostrándole que puede desplazarse por encima del agua sin ninguna dificultad.
- *Desplazamiento por debajo del agua*: mostrándole que al hundirse ni al terapeuta ni a él les pasa nada malo.
- *Técnicas de relajación*: realizando una serie de ejercicios para lograr una relajación total antes de iniciar la terapia.
- *Desplazamiento individual*: ayudado por un flotador adicional que no es el terapeuta.

5. Después de todo esto, continua una adaptación al medio y se inicia la estimulación e integración de los tres elementos básicos de la terapia: paciente, terapeuta y medio.

Córdova, G. y Mischell, S. (2021) tras una revisión de los estudios llevados a cabo durante los 10 años anteriores a su investigación, llegaron a la conclusión de que la hidroterapia tiene beneficios en la esfera afectiva de los niños con TEA como los siguientes: contacto físico, mejoría en la autonomía, mejoría del vínculo afectivo con tutores y hermanos, reconocimiento de las emociones por expresiones faciales, bajos niveles de ansiedad y depresión.

La hidroterapia en niños con autismo tiene grandes beneficios a nivel físico y emocional; a nivel físico la hidroterapia ayuda a la tonificación del músculo y a la mejoría de la coordinación y el equilibrio.

Los ejercicios en el agua, por lo general, se llevan a cabo en grupo. Esto tiene como objetivo que se mejoren las interacciones sociales, algo que es difícil de hacer en niños con TEA, al igual que la comunicación con el instructor. Esto también ayuda a que el niño aprenda a expresar emociones, especialmente el miedo. (Gutiérrez, 2010). También se considera la hidroterapia como una especie de juego para el niño con TEA, lo que hace que los mismos se vean obligados a respetar las reglas y a sus compañeros de juego. Esto favorece la mejora de las habilidades sociales (Góngora, et al. 2010).

En la esfera afectiva es recomendable que estos ejercicios siempre se hagan con una persona de confianza para el niño, lo que ayudará a la creación de un vínculo afectivo (Cazorla González y Cornellà i Canals, 2014).

La literatura ha demostrado que para que haya una mejor posibilidad de incrementar las habilidades sociales en niños con TEA, es mejor que el tratamiento de hidroterapia se haga acompañado del instructor responsable y de alguien cercano al niño, por ejemplo, los hermanos. El que un hermano esté implicado en el proceso de hidroterapia ayuda a que el niño con TEA se sienta más seguro y disfrute más del proceso, lo que también ayudará a mejorar el vínculo entre hermanos. Además, de esta forma, los niños con TEA mostraron una mejor adherencia al tratamiento (Chu y Pan, 2012).

La hidroterapia también ha demostrado proporcionar herramientas para la interacción social y el juego, lo que también ayudará al desarrollo del lenguaje, a mejorar la autoestima y el sentimiento de logro. Además, también se ha encontrado que los síntomas de ansiedad presentes en niños con TEA disminuyen. Se demostró que la hidroterapia tiene buenos resultados en la interacción social debido a que los niños trabajan en grupos en la hidroterapia. Así, los niños se benefician de la atención personalizada del instructor y de la observación de las interacciones positivas del mismo con otros (Mortimer, Privopoulos y Kumar, 2014).

El programa "El agua como mediador de comunicación" ha demostrado tener beneficios en las habilidades sociales de niños con TEA comparado con programas de musicoterapia o actividades deportivas. Este programa ayuda a que los niños puedan reaccionar de manera positiva a las expresiones de afecto que se demuestran en la gesticulación de la cara, por hacer contacto visual, imitar y tocar a la persona con la que realiza los ejercicios, lo cual le genera seguridad al niño y le permite hacer actividades con otros niños con TEA. (Zanobini y Solari, 2019).

Una de las principales ventajas de la terapia en el medio acuático es que, a la vez que alienta el desarrollo físico de los niños con TEA, también se trabaja el desarrollo de habilidades sociales a través de juegos acuáticos y actividades que se hacen en grupo; la hidroterapia beneficia a los niños con TEA, principalmente, en sus comportamientos internalizados como ansiedad y depresión. Esto es debido a que a mayores índices de actividad física menores son los índices de ansiedad y depresión, mientras que se elevan los índices de bienestar (Mills, Kondakis, Warburton y Milne, 2020).

El uso terapéutico del agua ayuda a que un niño con TEA pueda desarrollar su lenguaje y un buen auto concepto, por ende, esto facilitará sus habilidades sociales. Sin embargo, parece haber algunas contradicciones, ya que ciertos estudios afirman que la hidroterapia baja los niveles de comportamientos antisociales pero que no aumenta las competencias sociales de los niños con TEA. Pero, esto no quiere decir que los resultados sean desalentadores, ya que los niños redujeron sus niveles de comportamiento antisocial debido a que durante la hidroterapia pudieron formar vínculos con su entrenador (Pan, 2010).

Uno de los retos con los niños con autismo en su esfera social son sus comportamientos agresivos. Éste es un impedimento importante para que estos niños tengan una buena relación de amistad y familiar con los niños y adultos que los rodean. Algunos estudios han demostrado que las envolturas corporales terapéuticas (una forma de hidroterapia) son de beneficio para la reducción de estos comportamientos agresivos, especialmente, respecto a la irritabilidad (Delion, et al.,2018).

Actualmente, se sabe que el ahogamiento es una de las principales causas de muertes de niños con TEA. Se ha demostrado que el hecho de que un niño con TEA practique hidroterapia, también reduce este riesgo de muerte significativamente. Además de esto, niños con TEA que tengan un programa de actividades acuáticas se sentirán más seguros en el agua y tendrán una mejoría en sus habilidades sociales. Sin embargo, esta clase de estudios que solamente se enfocan en enseñar a los niños con TEA a poder nadar no muestran un avance significativo en el desarrollo de la esfera afectiva de los niños con TEA (Alaniz, Rosenberg, Beard y Rosario, 2017).

D. Equinoterapia

La equinoterapia es un método terapéutico que utiliza a los caballos y distintos métodos ecuestres, dentro de un abordaje interdisciplinario, orientado a la rehabilitación, integración y desarrollo bio-psico-social de personas con capacidades diferentes (Caudet, 2002). Es preciso decir que la equinoterapia es un tratamiento complementario o alternativo, ya que no utiliza los métodos de la medicina convencional.

Refleja el modelo alemán donde el caballo y la respuesta del niño son los elementos fundamentales que contribuyen al tratamiento. El sujeto actúa pasivamente siendo el movimiento del caballo el que ejerce la labor terapéutica.

La gran variedad de estímulos que proporciona el caballo en sus diferentes movimientos (130 estímulos por minuto) hace que esta terapia sea beneficiosa, que proporcione al sujeto más bienestar y mejora de los niveles físicos y psíquicos, contribuyendo así al desarrollo integral de la persona.

Las actividades que se realizan, tras varias sesiones de toma de contacto y familiarización, son:

- Ejercicios de corrección postural sobre el caballo.
- Ejercicios de equilibrio: con ayuda de apoyos, así como de forma autónoma.
- Recorridos y circuitos: al paso y al trote, para fortalecer y relajar la musculatura.
- Subida y bajada de rampas: favoreciendo la psicomotricidad y la conciencia del propio cuerpo.
- Movimientos constantes, sucesivos, de caderas.
- Conocimiento y cuidado del animal, así como de los accesorios de montar.

Diferentes estudios exploratorios y descriptivos apuntan a la posible existencia de beneficios de la terapia asistida por caballos en el aspecto psico-emocional. Por ejemplo, Pendry y Roeter (2013) indican que en la interacción con el caballo se insta a los niños/as a reflejar sus conductas, pensamientos, emociones y habilidades de comunicación a otro ser viviente y así poder aplicarlas después a la interacción con otras personas. En la misma línea, Fourmatin (2012) expone que cuando las personas trabajamos con animales, normalmente, expresamos conductas afectivas y de respeto que se puedenadaptar de la misma manera hacia otros seres vivos. Adicionalmente, Pendry, Carr, Smith y Roeter (2014) proponen que las actividades relacionadas con la equinoterapia mejoran las habilidades sociales porque, además de relacionarse con el caballo, los niños/as se deben relacionar con las personas quefacilitan la terapia. Estas personas muestran un comportamiento y habilidades sociales efectivas, facilitando la comunicación adecuada entre el animal y el niño y entre éste y sus compañeros y compañeras si se da en un contexto grupal. De esta forma, a través del modelado los niños/as van aprendiendo las pautas efectivas y adecuadas de comportamiento. De la misma manera, en un ambiente terapéutico ecuestre los niños tienen múltiples oportunidades para expresar si tienen alguna duda o miedo ante el peligro, ya que, por lo general, están viviendo experiencias novedosas. Por lo tanto, la equinoterapia incentiva a los niños/as a pedir asistencia a otras personas que participan en la terapia (Quiroz, Jiménez, Mazo, Campos y Molina, 2005).

Lee-Young y Bracher (2005) proponen que los niños que reciben equinoterapia llegan a comprender que los caballos son seres que pueden verse afectados por sentimientos como la ansiedad, el estrés o la tranquilidad y, por lo tanto, empiezan a controlar sus emociones y a entender que son ellos los que están al mando del caballo. Este mismo sentido de control hace que los niños con dificultades de comunicación y de seguimiento de instrucciones mejoren en estos dos aspectos antela necesidad de tener un buen manejo de su caballo. A pesar de todos estos hallazgos, Pendry et al. (2014) indican que no hay investigación empírica suficiente que relacione la equinoterapia con efectos positivos en el ámbito psico-social en niños con TEA.

Respecto a estudios específicos que analizan la mejora de las habilidades sociales a través de la equinoterapia, Ward et al.(2013) realizaron un estudio en el Centro Terapéutico Cori Sikich de Williamsburg, Virginia, Estados Unidos. El objetivo principal fue examinar los efectos de 10 semanas de monta terapéutica, 6 semanas de interrupción de la terapia y 8 semanas de reinserción en la misma, en 21 niños y niñas con TEA. La muestra estaba formada por 15 niños y 6 niñas con una edad promedio de 8.1 años. Como instrumentos, se emplearon la Escala de Evaluación de Autismo de Gilliam (GARS-2) y el Sensory Profile School Companion (SPSC), el cual fue completado por los educadores de los chicos y chicas de la muestra. La hipótesis proponía que después de recibir equinoterapia los niños mostrarían una mejora en las áreas de comunicación social y sensorial. Los resultados evidenciaron que los índices de interacción social aumentaron, reflejados en una mejora en relaciones interpersonales en el ambiente educativo. No obstante, no quedó claro si la monta terapéutica tiene efectos a largo plazo en los cambios conductuales, ya que, en los periodos de interrupción de la terapia, los niveles en la escala de autismo e interacción social volvían a sus medidas originales.

Pendry, et al, (2014) realizaron un estudio para determinar si un programa de aprendizaje asistido con caballos tenía un impacto positivo en la competencia social y la conducta de niños y niñas de quinto a octavo grado. El estudio se realizó con 113 infantes, 41 niñas y 72 niños con una edad media de 11.35 años de edad. Se asignaron 53 chicos y chicas al grupo experimental y 60 al grupo control. Los sujetos del grupo experimental recibieron sesiones de equinoterapia semanales de 90 minutos, que incluían actividades individuales y grupales durante un periodo de 11 semanas. Con respecto a los instrumentos, los padres y/o madres evaluaron la competencia social de los niños antes de recibir la terapia y después, utilizando la escala Devereux Student Strenght Assessment (DESSA). Por otra parte, en cada sesión tres personas reportaban en qué medida los niños y niñas presentaban 25 conductas positivas y 18 conductas negativas, utilizando la Escala Terapia Asistida por Animales–Formulario de Sesión Psicosocial. La hipótesis de la investigación proponía que los niños y niñas del grupo experimental iban a tener niveles más altos de competencia social al finalizar la terapia que aquellos que estaban en el grupo control de lista de espera. Igualmente, se esperaba que la participación en el programa se asociara con cambios observados en las actitudes positivas y negativas durante las sesiones. Los resultados indicaron un efecto positivo moderado en la competencia social de los niños y las niñas del grupo de equinoterapia. Se encontraron mejoras en características como responsabilidad personal, toma de decisiones, conducta orientada a metas, autoconsciencia y autorregulación. Respecto a los cambios conductuales, en promedio, se demostraron niveles significativamente más altos de comportamientos positivos que de comportamientos negativos, lo cual se asoció de manera significativa con el número de sesiones en las que participó cada sujeto (Pendry et al, 2014).Según los propios autores, se observaron dos limitaciones principales a la hora de correlacionar los efectos de la equinoterapia sobre las habilidades sociales. En primer lugar, las medidas utilizadas fueron datos proporcionados solamente por una fuente. Sería ideal que se tomen en cuenta múltiples datos procedentes de distintos observadores. Por otra parte, se sugiere que debería existir un tercer grupo de control que esté expuesto a un tratamiento para mejorar las habilidades sociales y que no involucre caballos, para poder comparar la eficacia de la terapia asistida con caballos con otro tipo de intervenciones (Pendry. et al, 2014 y Ward. et al, 2013).

Durán, M. A. y Srednie, F. (2018), realizaron una investigación, con el objetivo de analizar las diferencias en las habilidades sociales entre los niños y las niñas diagnosticados con Trastorno del Espectro del Autismo que reciben equinoterapia, y los que no reciben dicha terapia. Utilizaron una muestra de 12 niños, de entre 6 y 12 años de edad (Media= 8.78). Los análisis mostraron diferencias significativas en Adaptación al cambio. Los participantes que recibieron equinoterapia tuvieron puntuaciones más altas, frente a que aquellos que no recibieron equinoterapia. También se encontraron diferencias significativas en las puntuaciones de Miedo y Nerviosismo, obteniendo los participantes que recibieron equinoterapia puntuaciones más altas que aquellos que no la recibieron.

5. INTERVENCIÓN PSICOEDUCATIVA

En España, desde el sistema educativo oficial se lleva a cabo una intervención psicoeducativa con los niños/as con Necesidades Educativas Especiales (NEE) basada en el principio rector de la *integración.* En otros países, la intervención desde el sistema educativo oficial se desarrollará de forma similar, de muy distinta forma o no se intervendrá. A continuación, describimos brevemente la intervención psicoeducativa en España.

Evaluación psicopedagógica inicial

- Valoración multidisciplinar o diagnóstico psicopedagógico de carácter obligatorio, que deberán poseer todos los alumnos y alumnas con necesidades educativas especiales.
- Base para realizar la propuesta de escolarización más conveniente y para la elaboración de la adaptación curricular individualizada (A.C.I.).
- Competencia de los Equipos de Apoyo Externo.
- Finalidad: Estimar y predecir, en lo posible, las capacidades de aprendizaje del alumno/a, actuales y potenciales. Considerar los factores individuales y del contexto social, familiar y escolar, que puedan mediatizar dicha capacidad positiva o negativamente y valorar la adaptación social del alumno dentro de su grupo

Adaptación curricular individualizada

Puede entenderse como cualquier ajuste o modificación que se realiza de la oferta educativa común para responder a los alumnos con necesidades educativas especiales en un continuo de respuesta a la diversidad.

Tabla 5. Esquema de las Adaptaciones Curruculares en niños/as con NEE.

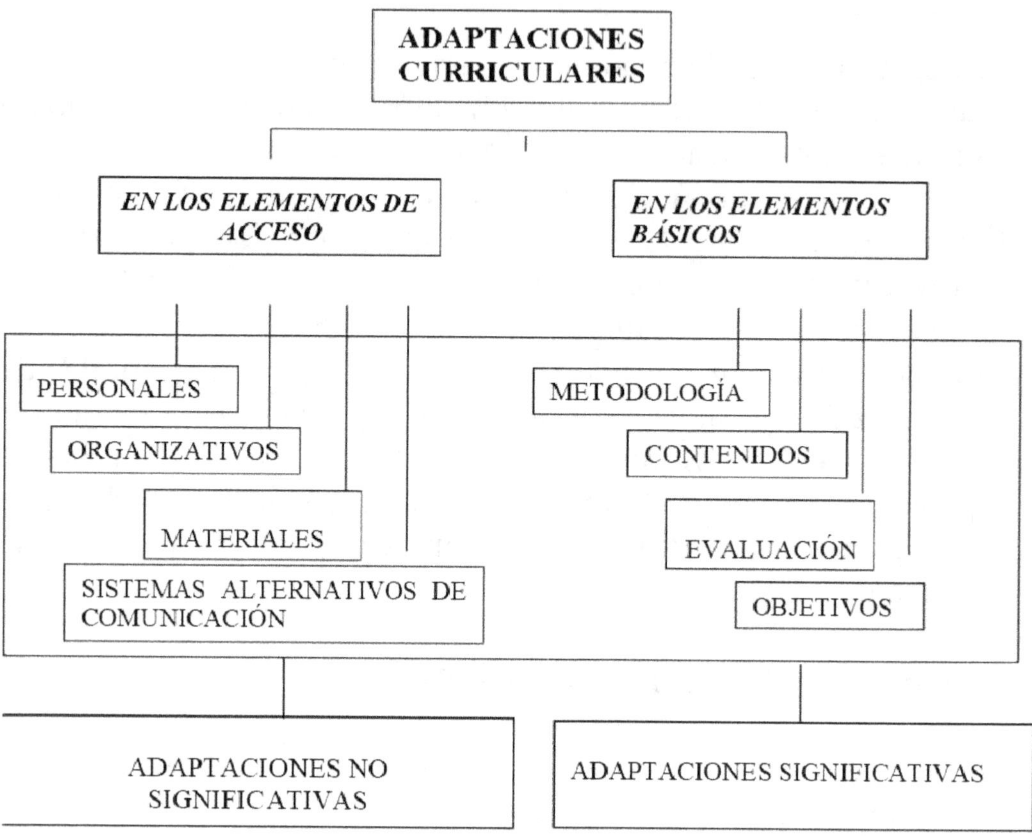

Recursos

La respuesta educativa para la atención a las necesidades educativas especiales de algunos alumnos requiere la intervención de distintas personas, tanto desde dentro del Centro Educativo como desde fuera.

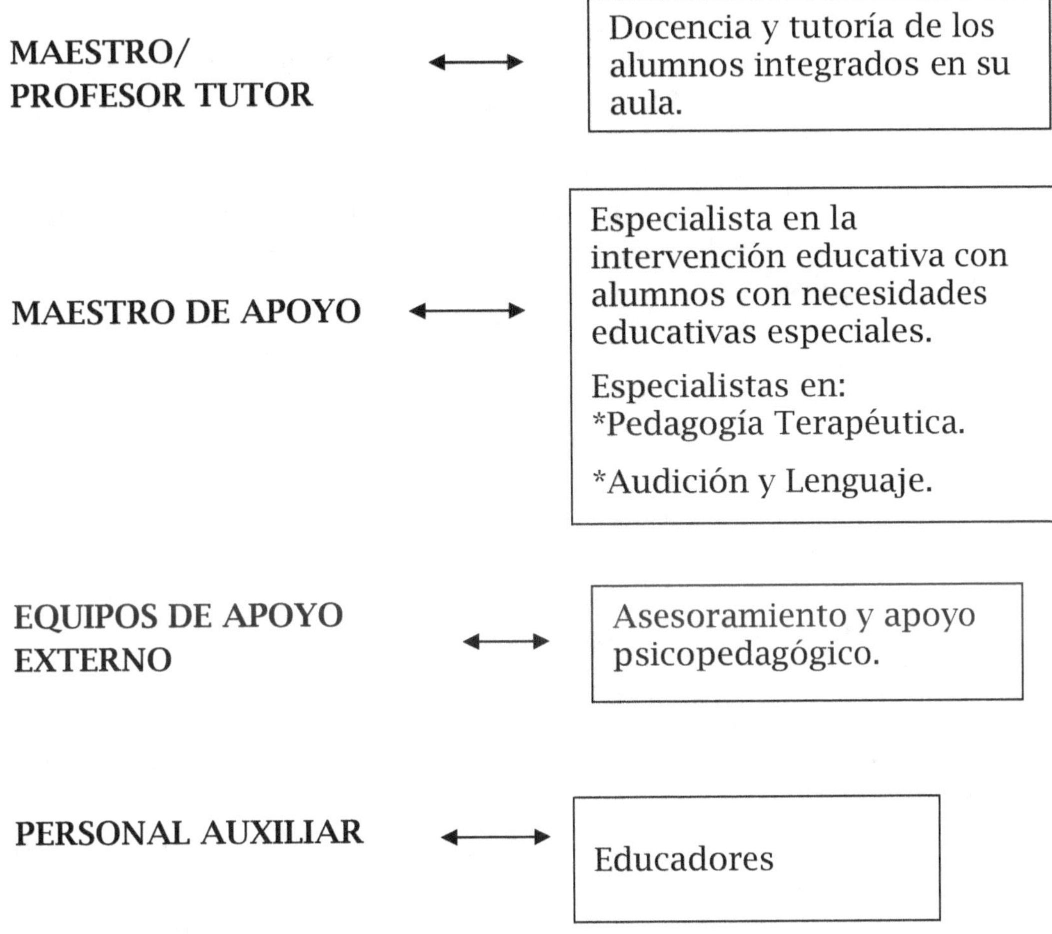

Atención temprana

Se establece que la atención a los alumnos con necesidades educativas especiales se iniciará desde el momento de su detección.

- **0-3 años:**Consejería de Asuntos Sociales, a través de:

> * Consejería de Asuntos Sociales a través del **InstitutoAndaluz de Servicios Sociales.**
>
> *Diputaciones Provinciales a través de los **Programas de Atención Infantil Temprana.**

- **3-6 años:**

> * Consejería de Educación y Ciencia----**Programa de los Equipos de Apoyo Externo de Zona.**
> * Centros específicos en **régimen ambulatorio.**

Formación profesional e integración social y laboral

Formación profesional especial

Programas de Garantía Social

- Para alumnos que no hayan obtenido el título de Graduado en Enseñanza Secundaria.
- Persigue la cualificación profesional de los alumnos con necesidades educativas especiales que no puedan cursar los ciclos formativos de grado medio, para facilitar su posterior inserción en el mundo del trabajo.
- Dos grandes áreas:
  - * Área formativa general.
  - * Área de aprendizaje de destrezas profesionales.

- Formación práctica en Centros de trabajo, ajustada a las especiales necesidades de este alumnado, por ejemplo, en Centros de Empleo Protegido.

Modalidades de escolarización

A AULA ORDINARIA A TIEMPO COMPLETO, CON APOYO INDIVIDUAL DENTRO DE LA MISMA.

- La responsabilidad de la atención a estos alumnos recae en el profesor-tutor, que contará con la ayuda del maestro de apoyo a la integración.
- Mediante adaptaciones curriculares de acceso se pueden alcanzar los distintos aprendizajes.

B AULA ORDINARIA COMO REFERENCIA, CON AYUDA INDIVIDUALIZADA O EN PEQUEÑO GRUPO, DEL MAESTRO DE APOYO O ESPECIALISTA, DURANTE ALGUNOS PERÍODOS DE LA JORNADA ESCOLAR, EN SU AULA O EN EL AULA DE APOYO.

- El tutor será el profesor-tutor del grupo.
- El maestro de apoyo a la integración desarrollará los aspectos más individualizados y específicos de la ACI.

C AULA DE EDUCACIÓN ESPECIAL COMO REFERENCIA Y AULA ORDINARIA A TIEMPO PARCIAL.

- La mayor parte de la jornada escolar transcurrirá en el Aula de Educación Especial.
- El tutor será el maestro/a de Pedagogía Terapéutica o de Audición y Lenguaje.

D AULA DE EDUCACIÓN ESPECIAL EN UN CENTRO ORDINARIO O CENTRO ESPECÍFICO.

- Están regentadas por un tutor especialista en Pedagogía Terapéutica o en Audición y Lenguaje.

- Los alumnos siempre dispondrán de una ACI.
- Estos alumnos deberán participar en actividades que favorezcan su integración y su relación con los demás niños y niñas.

IV. ANEXOS

1. Entrevista Específica Trastorno del Espectro Autista (Maldonado, A.L., 2023)

Introducción

La Entrevista Específica (Maldonado, A.L., 2021) es una entrevista breve, de unos 10-15 ítems, dirigida al Psicodiagnóstico de un trastorno concreto. Incluye preguntas dirigidas a evaluar el cumplimiento de los criterios diagnósticos de dicho trastorno junto a otras preguntas sobre características nucleares y distintivas que no están incluidas en el DSM. En el caso de TEA, las preguntas se dirigirán, principalmente, a los padres o cuidadores. Por supuesto, el objetivo en este trastorno tan complejo y con gran variabilidad de características, dependientes de la etapa evolutiva concreta, no es llegar al psicodiagnóstico sino ayudar a la detección y a disponer de una orientación sobre cómo diseñar la evaluación dirigida al psicodiagnóstico y la elección de los instrumentos más adecuados.

Entrevista Específica TEA

1. Datos generales: Edad (años y meses), diagnósticos previos, problemas médicos o de salud, tratamientos médicos actuales y pasados, nivel de escolarización (curso y rendimiento), problemas en el embarazo, periparto y nacimiento, familiares de primer y segundo grado con diagnóstico de trastornos del comportamiento.

2. *Cuando su hijo está con otros niños de su edad, en casa, el colegio o el parque, ¿Juega o interactúa con ellos como lo haría otro niño de su edad o por el contrario se aísla?*

3. *Describa el proceso de adquisición del lenguaje de su hijo. Por ejemplo, cuando era bebé (antes del año) ¿emitía sonidos del tipo: gagaga, mamama, papapa? Entre el año y los 2 años, ¿usaba palabras del tipo: mamá, papá, tata, pan, agua, dándoles el significado correcto? Entre los 2 y los 3 años ¿usaba frases de 2 o 3 palabras atribuyéndoles significado? A partir de los 3 años ¿mantiene conversaciones simples con iguales o mayores?*

4. *¿Su hijo sigue, la mayoría de las veces, instrucciones simples, del tipo, "ven", "siéntate", "tráeme el móvil", etc.?*

5. *¿Su hijo hace algunos movimientos extraños como agitar las manos, balancearse, adoptar posturas llamativas, etc.? Descríbalo.*

6. *¿Su hijo tiene una elevada predilección por un peluche, muñeco o juguete de forma que lo lleve prácticamente a todos los lugares, incluso cuando no es apropiado? Ir con ese peluche, por ejemplo, al colegio o a una cita médica.*

7. *¿Su hijo le mira a los ojos cuando le habla o por el contrario le habla mirando hacia otro lado? ¿Ha observado, en su caso, ese mismo comportamiento cuando interacciona con otras personas?*

8. *Cuando era bebé y lo cogía en brazos, ¿se echaba hacia Vd. mirándola y extendiendo los brazos y con actitud relajada o por el contrario se mantenía rígido?*

9. *¿Su hijo permanece con frecuencia absorto en sus pensamientos de una manera llamativa?*

10. *¿Le atiende su hijo cuando le habla o, por el contrario, es frecuente que se dirija a él y no le responda hasta el punto de que le haya llevado a pensar que pudiera ser sordo?*

11. *Cuando interacciona con otras personas, ¿la expresión social, corporal y de las emociones de su hijo es similar a la de los niños de su edad o por el contrario se muestra inexpresivo o la expresión corporal, facial o de las emociones no es coherente a la situación?*

12. *¿Observa que su hijo, cuando está con otros niños de su edad o personas adultas, expresa interés o se presta a jugar con ellos o a interaccionar o por el contrario parece no mostrar interés en las demás personas, no jugar con ellos o no interactuar?*

13. *¿Con frecuencia, su hijo repite la misma palabra o frase que Vd. u otra persona acaba de decir?*

14. *¿Con frecuencia su hijo alinea o pone en un orden rígido objetos o juguetes?*

15. *¿Observa una insistencia inflexible en llevar a cabo rutinas, siempre de la misma forma, hasta el punto de que si, por ejemplo, pasan siempre por el mismo camino para ir al cole, si cambian el recorrido se altere y muestre irritabilidad o incluso una rabieta? ¿En qué situaciones le ocurre algo parecido a esto?*

16. *Respecto a sus intereses, gustos y aficiones ¿muestra su hijo intereses restringidos y llamativos, como, por ejemplo, jugar siempre con el mismo juguete o ver repetidamente el mismo capítulo de dibujos o mostrar excesivo interés y dedicación a una actividad muy concreta? Descríbalo.*

17. *¿Le llama la atención cómo reacciona su hijo a algunos estímulos sensoriales como, por ejemplo, mostrarse insensible al dolor, reaccionar con rechazo hacia algún estímulo táctil, resultarle aversivo un sonido, llamarle excesivamente la atención un color, un brillo, un olor, una parte concreta de un objeto o cualquier estímulo visual u olfativo?*

18. *¿Con frecuencia su hijo, en los casos en que tiene capacidad verbal suficiente, le señala algo con el dedo para que se lo dé o coge algo utilizando la mano de Vd.? Ejemplo, pedirle agua señalando la botella o si quiere beber leche coger su mano y hacer que Vd. abra el frigorífico y la coja.*

V. REFERENCIAS BIBLIOGRÁFICAS

Alessandri, M., Thorp, D., Mundy, P. y Tuchman, R.F. (2005). *¿Podemos curar el autismo? Del desenlace clínico a la intervención. Revista de Neurología, 40,* 131- 136.

(de) Almeida Oliveira, C. R. y Souza, J. C. (2021). Neurobiologia do autismo infantil. *Research Society and Development, 10*(1).

Anagnostou, E.; Aman, M.G.; Handen, B.L.; Sanders, K.B.; Shui, A.; Hollway, J.A. et al.(2016). Metformin for Treatment of Overweight Induced by Atypical Antipsychotic Medication in Young People With Autism Spectrum Disorder: A Randomized Clinical Trial. *JAMA Psychiatry, 73 (9),* pp. 928-937

ANDE. Jornadas de Formación (1.995): Autismo y trastornos profundos del desarrollo."Etiología, diagnóstico y tratamiento". Granada 6, 7, 8 y 9 de Diciembre.

Anderson, G.M.; Scahill, L.; McCracken, J.T.; McDougle, C.J.; Aman, M.G.; Tierney, E. et al. (2007). Effects of shortand long-term risperidone treatment on prolactin levels in children with autism. *Biol. Psychiatry, 61 (4),* pp. 545-550

André, T.G., Montero, C.V., Félix, R.E.O. y Medina, M.E.G. (2020). Prevalencia del Trastorno del Espectro Autista: una revisión de la literatura. *Jóvenes en la ciencia, 7.*

Anguera, M.T. (1990). Metodología observacional. En J. Arnau, M.T. Anguera y J.L. Gómez (Eds.). *Metodología de la investigación en las ciencias del comportamiento.* Murcia: Secretariado de publicaciones de la Universidad de Murcia.

APA, (1987). *Diagnostic and Statistical manual of mental disorders. 3ª edición.* Washington: APA.

A.P.A. (1995). *Manual diagnóstico y estadístico de los trastornos mentales. DSM-IV.* Barcelona: Masson.

A.P.A. (2002). *Manual diagnóstico y estadístico de los trastornos mentales. Texto revisado (DSM IV-TR).* Barcelona: Masson.

A.P.A. (2013*). Manual diagnóstico y estadístico de los trastornos mentales (5ª ed.).* Washington, DC: Autor.

Arnold, L.E.; Aman, M.G.; Cook, A.M.; Witwer, A.N.; Hall, K.L.; Thompson, S. et al. (2006). Atomoxetine for hyperactivity in autism spectrum disorders: placebo-controlled crossover pilot trial. *J. Am. Acad. Child Adolesc. Psychiatry., 45 (10),* pp. 1196-1205.

Asperger, H. (1944). Die "Autistischen psychopathen" im kindesalter. *Archiv für psychiatrie und nervenkrankheiten, 117(1),* 76-136.

Ayllon, T. y Azrin, N.H. (1964). *Economía de Fichas: un sistema motivacional para la rehabilitación.*

Baer, D.M. y Sherman, J. (1969). Reinforcement control of generalized imitation in young children.*Journal of Experimental Child Psychology, 1, 37-49.*

Baribeau, D. y Anagnostou, E. (2022). Novel treatments for autism spectrum disorder based on genomics and systems biology. *Pharmacology Theraphy, 230,* p. 107939.

Baron-Cohen, S. (1991). The theory of mind deficit in autism: How specific is it? *British Journal of Developmental Psychology, 9(2),* 301-314.

Baron-Cohen, S. (1991). Precursors to a theory of mind: Understanding attention in others. *Natural theories of mind: Evolution, development and simulation of everyday mindreading, 1*, 233-251.

Baron-Cohen, S., Leslie, A. M. y Frith, U. (1985). Does the autistic child have a "theory of mind"? *Cognition, 21*(1), 37-46.

Baron-Cohen, S. E., Tager-Flusberg, H. E. y Cohen, D. J. (1994). Understanding other minds: Perspectives from autism. In *Most of the chapters in this book were presented in draft form at a workshop in Seattle, Apr 1991.* Oxford University Press.

Baron-Cohen, S. y Swettenham, J. (1997). Theory of mind in autism: Its relationship to executive function and central coherence. *Handbook of autism and pervasive developmental disorders, 2*.

Baron-Cohen, S., Ring, H. A., Bullmore, E. T., Wheelwright, S., Ashwin, C. y Williams, S. C. R. (2000). The amygdala theory of autism. *Neuroscience and Biobehavioral Reviews, 24*(3), 355-364.

Baron-Cohen, S. (2004). The cognitive neuroscience of autism. *Journal of Neurology, Neurosurgery & Psychiatry, 75*(7), 945-948.

Bartak, L., Rutter, M., y Cox, A. (1977). A comparative study of infantile autism and specific developmental receptive language disorders III. Discriminant function analysis. *Journal of Autism and Childhood Schizophrenia, 7*(4), 383-396.

Bauman, M. L. y Kemper, T. L. (2005). Neuroanatomic observations of the brain in autism: a review and future directions. *International journal of developmental neuroscience, 23*(2-3), 183-187.

Bayley, N. (2006). Bayley scales of infant and toddler development.

Becker, R.G., Iser, B.N., y Fortunato, J.J. (2017). *Estimativa do número de casos de transtorno do espectro autista no sul do BRASIL.*(Tesis de maestría inédita). Universidade do Sul de Santa Catarina, Tubarão.

Beherec, L.; Lambrey, S.; Quilici, G.; Rosier, A.; Falissard, B. y Guillin, O. (2011). Retrospective review of clozapine in the treatment of patients with autismspectrum disorder and severe disruptive behaviors. *J. Clin Psychopharmacol., 31 (3),* pp. 341-344.

Belmonte, M. (2000). Abnormal attention in autism shown by steady-state visual evoked potentials. *Autism, 4*(3), 269-285.

Belmonte, M. K. y Yurgelun-Todd, D. A. (2003). Functional anatomy of impaired selective attention and compensatory processing in autism. *Cognitive brain research, 17*(3), 651-664.

Belsito, K.M.; Law, P.A.; Kirk, K.S.; Landa, R.J. y Zimmerman, A.W. (2001). Lamotrigine therapy for autistic disorder: a randomized, double-blind, placebocontrolled trial. *Journal Autism Dev. Disord., 31 (2),* pp. 175-181.

Bettelheim, B. (1967). *Empty fortress.* Simon and Schuster.

Bijou, S.W. y Baer, D.M. (1975). *Psicología del Desarrollo Infantil.* Lecturas de análisis experimental. México: Trillas.

Bleuler, E. (1906). *Freudische Mechanismen in der Symptomatologie von Psychosen.* Marhold.

Bleuler, E. (1908). Die prognose der dementia praecox (Schizophreniegruppe). *Allg. Z. Psychiat, 65,* 436-480.

Bluma, S., Shearer, M., Frohman, A. y Hilliard, J. (2004). *Guía Portage revisada.* TEA Ediciones.

Bondy, A. S. y Frost, L. A. (1994). The Picture exchange communication system. *Focus on Autism and other Developmental Disabilities, 9*(3), 1-19.

Brauner, A. y Brauner, F. (1972). *La educación del niño deficiente mental. Vol.2,* Madrid: Aguilar.

Bryson, S. E. (1996). Brief report: epidemiology of autism. *Journal of autism and Developmental Disorders, 26*(2), 165-67.

Butter, E. M., Mulick, J. A. y Metz, B. (2006). Eight case reports of learning recovery in children with pervasive developmental disorders after early intervention. *Behavioral Interventions, 21,* 227-243.

Canal, R., García, P., Santos, J., Bueno, G. y Posada, M. (2014). Programas de cribado y atención temprana en niños con trastornos del espectro autista. *Revista de Neurología, 58,* 123-127.

Canal-Bedia R., García-Primo P., Martin Cilleros M.V., et al. (2011). Modified checklist for autism in toddlers: cross-cultural adaptation and validation in Spain. *J. Autism. Dev. Disord.;41*(10): 1342-1351.

Cancho Fernández, J. (2023). Efectos beneficiosos de la musicoterapia en pacientes pediátricos con trastorno del espectro autista (TEA). Una revisión sistemática.

Cangas, A.J.; Maldonado, A.L. y López, M. (2003). *Manual de psicología clínica y general, vol. II: Psicopatología.* Granada: Alborán Editores.

Cangas, A.J. y Olivencia, J.J. (2003). *Clasificación en psicopatología.* En: A.J. Cangas, A.L. Maldonado y M. López (eds.), *Manual de psicología clínica y general, vol. II: Psicopatología.* Granada: Alborán Editores.

Carper, R. A. y Courchesne, E. (2000). Inverse correlation between frontal lobe and cerebellum sizes in children with autism. *Brain, 123*(4), 836-844.

Caudet, F. (2002).*Cuadernos Alternativos. Equinoterapia: El caballo, mucho más que un amigo.* España: Editorial Astri.

Cautilli, J., Hancock, M., Thomas, C. A. y Tillman, C. (2002). Behavior therapy and autism: issues in diagnosis and treatment. *The Behavior Analyst Today, 3*(2), 229-242.

CDC. Centers for Disease Control and Prevention. (2014).*Identified Prevalence of Autism Spectrum Disorder.*

CDC. Centers for Disease Control and Prevention (2014).Prevalence of autism spectrum disorder among children aged 8 years. *Surveillance Summaries, 63(2),*1-21.

Charlop, M. H., Carpenter, M., Le, L., LeBlanc, L. A. y Kellet, K. (2002). Using the picture exchange communication system (PECS) with children with autism: assessment of PECS acquisition, speech, social-communicative behavior, and problem behavior. *Journal of Applied Behavior Analysis, 35*(3), 213-231.

Coelho-Medeiros, M. E., Bronstein, J., Aedo, K., Pereira, J. A., Arraño, V., Perez, C. A. y Bedregal, P. (2019). Validación del M-CHAT-R/F como instrumento de tamizaje para detección precoz en niños con trastorno del espectro autista. *Revista chilena de pediatría, 90*(5), 492-499.

Cohen, H., Amerine, M. y Smith, T. (2006) Early intensive behavioral treatment: replication of the UCLA model in a community setting. *Journal of Developmental and Behavioral Pediatrics, 27*(2), 145-55.

Cohen, D. J. y Volkmar, F. R. (1997). *Handbook of autism and pervasive developmental disorders.* John Wiley & Sons Inc.

Coll, C. y Palacios, J. (1.991): *Desarrollo Psicológico y Educación. Tomo III: Necesidades Educativas Especiales y Aprendizaje escolar.* Madrid: Alianza.

Córdova, G. y Mishell, S. (2021). *Beneficios de la hidroterapia en la esfera afectiva en niños con trastorno autista.* (Bachelor's thesis, Quito: UCE).

Courchesne, E., Townsend, J., Akshoomoff, N. A., Saitoh, O., Yeung-Courchesne, R., Lincoln, A. J. y Lau, L. (1994). Impairment in shifting attention in autistic and cerebellar patients. *Behavioral neuroscience, 108*(5), 848.

Dawson, G., Meltzoff, A. N., Osterling, J. y Rinaldi, J. (1998). Neuropsychological correlates of early symptoms of autism. *Child development, 69*(5), 1276-1285.

Dean, O.M.; Gray, K.M.; Villagonzalo, K.A.; Dodd, S.; Mohebbi, M.; Vick, T. et al. (2017). A randomised, double blind, placebo-controlled trial of a fixed dose of N-acetyl cysteine in children with autistic disorder. *Aust. N. Z. J. Psychiatry, 51 (3),* pp. 241-249.

D'Elia, L., Valeri, G., Sonnino, F., Fontana, I., Mammone, A. y Vicari, S. (2014). A longitudinal study of the TEACCH program in different settings: the potential benefits of low intensity intervention in preschool children with autism spectrum disorder. *Journal of Autism and Developmental Disorders, 44 (3),* 615-626.

Dietz, P.M.; Rose, C.E.; McArthur, D. y Maenner, M. (2020). National and State Estimates ofAdults with Autism Spectrum Disorder. *J. Autism. Dev. Disord., 50 (12)*, pp. 4258-4266.

Díez, A. y cols. (2005). Guía de buena práctica para el diagnóstico de los trastornos del espectro autista. *Revista de Neurología*, 41 (5): 299-310.

Dirección General de Orientación Educativa y Formación Profesional. (1.994): *La Atención Educativa de la Diversidad de los alumnos en el nuevo Modelo Educativo. Documento a debate.* Sevilla.

Doyle, C. A., y McDougle, C. J. (2012). Pharmacotherapy to control behavioral symptoms in children with autism. *Expert opinion in pharmacotherapy, 13*(11), 1615-1629.

Dunst, C. J. (1982). The clinical utility of Piagetian-based scales of infant development. *Infant Mental Health Journal, 3*(4), 259-275.

Durán, M. A. y Srednie, F. (2018). Equinoterapia y Trastorno del Espectro del Autismo en población infantil. *PsicoInnova, 2*(1), 1-21.

Egaas, B., Courchesne, E. y Saitoh, O. (1995). Reduced size of corpus callosum in autism. *Archives of neurology, 52*(8), 794-801.

Eikeseth, S., Smith, T., Jahr, E. y Eldevik, S. (2007). Outcome for children with autism who began intensive behavioral treatment between ages 4 and 7: A comparison controlled study. *Behavior Modification, 31*, 264-278.

Ejiyeh, A. M., Abedi, A., y Behnamnejad, N. (2015). Effectiveness of applied behavior analysis (ABA) for children with autism spectrum disorders in Iran, 2005–2013: a meta-analysis. *Iranian Journal of Psychiatry and Clinical Psychology, 21*, 17-25.

Fernández-Ballesteros, R. (1992). La observación. En Rocío Fernández-Ballesteros (Ed.). *Introducción a la evaluación psicológica I.* Colección Psicología. Madrid: Ediciones Pirámide.

Fester, C. (1961). Positive Reinforcement and behavioral deficits in autistic children. *Child Development,32,* 437- 456.

Ferster, C. B., yDe Myer, M. K. (1961). The development of performances in autistic children in an automatically controlled environment. *Journal of chronic Diseases, 13*(4), 312-345.

Fitzpatrick, S., Srivorakiat, L., Wink, L. K., Pedapati E. V., y Erickson, C., (2016). Aggression in autism spectrum disorder: presentation and treatment options. *Neuropsychiatric Disease and Treatment, 12,* 1525-1538.

Forns-Santacana, M. y Göamez-Benito, J. (1990). Factor structure of the McCarthy scales. *Psychology in the Schools, 27*(2), 111-115.

Fourmatin, G. (2012). Utilización de la equinoterapia como instrumento terapéutico en eltratamiento de niños con parálisis cerebral (Tesis de Licenciatura en Kinesiología). Universidad FASTA, Facultad de Ciencias de la Salud, Mar del Plata, Argentina.

Francis, K. (2005). Autism interventions: a critical update. *Developmental medicine and child neurology, 47*(7), 493-499.

Frith, U. (1989). A new look at language and communication inautism. *British Journal of Disorders of Communication, 24,* 123-150.

Fuentes, J., Ferrari, M. J., Boada, L., Touriño, E., Artigas, J., Belinchón, M. y Posada, M. (2006). Guía de buena práctica para el tratamiento de lostrastornos del espectro autista. *Revista de Neurología, 43*(7), 425-438.

Galindo, E.; Bewrnal, T.e Hinojosa; (1980). *Modificación de Conducta en educación Especial. Diagnóstico y Programas.* México: Trillas.

Ganz, J. (2014). AAC Interventions for Individuals with Autism Spectrum Disorders: State of the Science and Future Research Directions. *Augmentative and Alternative Communication, 31*(3), 203-214.

Ghasemtabar, S.N., Hosseini, M., Fayyaz, I., Arab, S., Naghashian, H. yPoudineh, Z. (2015). Music therapy: An effective approach in improving social skills of children with autism. Adv *Biomed Res.; 4:*157.

Gillberg, C. y Svendsen, P. (1983). Childhood psychosis and computed tomographic brain scan findings. *Journal of Autism and Developmental Disorders, 13*(1), 19-32.

Gillberg, C. y Coleman, M. (1996). Autism and medical disorders: a review of the literature. *Developmental Medicine y Child Neurology, 38*(3), 191-202.

Gillberg, C., Svennerholm, L. y Hamilton-Hellberg, C. (1983). Childhood psychosis and monoamine metabolites in spinal fluid. *Journal of Autism and Developmental Disorders, 13,* 383-396.

Girolametto, L., Sussman F. y Weitzman E. (2007). Using case study methods to investigate the effects of interactive intervention for children with autism spectrum disorders. *Journal of Communication Disorders, 40*(6), 470-492.

Gobierno Vasco (1.992).*Trastorno del espectro autista y Necesidades Educativas Especiales. Cuadernos para la integración social.* Servicio Central de Publicaciones del Gobierno Vasco.

González, A. M., Williams, G. y Pérez-González, L.A. (2005). *Tratamientos eficaces para el autismo.* En: M. Pérez-Álvarez, J. R. Fernández-Hermida, C. Fernández-Rodríguez e I. Amigo (Eds.). *Guía de tratamientos psicológicos eficaces.* Madrid: Pirámide.

Gordon, A. C. y Olson, D. R. (1998).The relation between acquisition of a theory of mind and the capacity to hold in mind. *Journal of experimental child psychology, 68(1),* 70-83.

Hampson, D. R. y Blatt, G. J. (2015). Autism spectrum disorders and neuropathology of the cerebellum. *Frontiers in Neuroscience, 9.*

Handleman, J. S. y Harris, S. L. (2005). Douglass developmental disabilities center: An ABA program for children and adults with autism spectrum disorders. *International Journal of Behavioral Consultation and Therapy, 1*(4), 301-311.

Happé, F. G. (1995). The role of age and verbal ability in the theory of mind task performance of subjects with autism. *Child development, 66*(3), 843-855.

Happé, F. G. (1996). Studying weak central coherence at low levels: children with autism do not succumb to visual illusions. A research note. *Journal of child psychology and psychiatry, 37*(7), 873-877.

Hardan, A.Y.; Fung, L.K.; Libove, R.A.; Obukhanych, T.V.; Nair, S.; Herzenberg, L.A. et al. (2012). A randomized controlled pilot trial of oral N-acetylcysteine in children with autism. *Biol. Psychiatry, 71 (11),* pp. 956-961.

Harfterkamp, M.; van de Loo-Neus, G.; Minderaa, R.B.; van der Gaag, R.J.; Escobar, R.; Schacht, A. et al. (2012). A randomized double-blind study of atomoxetine versus placebo for attention-deficit/hyperactivity disorder symptoms in children with autism spectrum disorder. *J. Am. Acad. Child Adolesc. Psychiatry, 51*(7), 733-741

Hart, S. y Banda, D. (2010). Picture Exchange Communication System with Individuals With Developmental Disabilities: A Meta-Analysis of Single Subject Studies. *Remedial and Special Education, 31*(6), 476-488.

Hartford, D. F. (2011). *A responsive teaching intervention for parents of children identified as at risk for an autism spectrum disorder at 12 months.* Recuperado de https://cdr.lib.unc.edu/indexablecontent/uuid:4c00a0e1-f89f4a3e98f67e269bae8d0d

Hashimoto, T., Tayama, M., Murakawa, K., Yoshimoto, T., Miyazaki, M., Harada, M. yKuroda, Y. (1995). Development of the brainstem and cerebellum in autistic patients. *Journal of autism and developmental disorders, 25*, 1-18.

Hellings, J.A.; Weckbaugh, M.; Nickel, E.J.; Cain, S.E.; Zarcone, J.R.; R.M. Reese, R.M. *et al.*(2005). A double-blind, placebo-controlled study of valproate for aggression in youth with pervasive developmental disorders. *Journal Child Adolescent Psychopharmacology, 15 (4),* 682-692.

Henneberry, E.; Lamy, M.; Dominick, K.C. y Erickson, C.A. (2021). Decades of Progress in the Psychopharmacology of Autism Spectrum Disorder. *J Autism Dev Disord, 51 (12),* 4370-4394.

Herbert, J. D. y Brandsma, L. L. (2002). Applied behavior analysis for childhood autism: does the emperor have clothes? *The Behavior Analyst Today, 3,* 45-50.

Hill, A., Zuckerman, K., y Fombonne, E. (2015). Epidemiology of Autism Spectrum Disorders. En: M. Robinson-Agramonte. *Translational Approaches to Autism Spectrum Disorder,* pp. 12-38).

Hoekstra, P.J.; Troost, P.W.; Lahuis, B.E.; Mulder, H.; Mulder, E.J.; Franke, B. et al. (2010). Risperidone-induced weight gain in referred children with autism spectrum disorders is associated with a common polymorphism in the 5-hydroxytryptamine 2 C receptor gene. *J. Child Adolesc. Psychopharmacol., 20 (6),* pp. 473-477.

Huang, J.P., Cui, S.S., Han, Y., Irva, H.P., Qi, L.H., y Zhang, X. (2014). *Prevalence and Early signs of autism spectrum disorder (ASD) among 18-36monthold children in Tianjin of China, 27*(6), 453-61.

Ichikawa, K., Takahashi, Y., Ando, M., Anme, T., Ishizaki, T., Yamaguchi, H. y Nakayama, T. (2013). TEACCH-based group social skills training for children with high-functioning autism: a pilot randomized controlled trial. *Biopsychosocial Medicine, 7,* 1-8.

Instituto Nacional de Salud Pública (2017). Trastorno del espectro autista.Recuperado de: http://salud.edomex.gob.mx/cevece/documentos/difusion/triptic os/2017/Semana%2024.pdf.

I.S.P.A. (Instituto Superior de Psicología *ALBORAN*). (2001).*I Simposio Internacional sobre Detección e Intervención Temprana en Autismo.* Libro de actas. Granada: Alborán Editores.

Kanner, L. (1943). Trastornos autistas del contacto afectivo. *Revista española de discapacidad intelectual Siglo Cero, 36.*

Kanner, L. (1949). Problems of nosology and psychodynamics of early infantile autism. *American journal of Orthopsychiatry, 19(3),* 416.

Kaufman, A. S. (1983). Some questions and answers about the Kaufman Assessment Battery for Children (K-ABC). *Journal of psychoeducational assessment, 1*(3), 205-218.

Kazdin. (Eds). *Advanced in Clinical Chid Psychology (XI).* New York: Plenun Press.

Kelly, E., Meng, F., Fujita, H., Morgado, F., Kazemi, Y., Rice, L. C. y Tsai, P. T. (2020). Regulation of autism-relevant behaviors by cerebellar–prefrontalcortical circuits. *Nature Neuroscience, 23(9),* 1102-1110.

Klinger, L., Dawson, G., Renner, P., Mash, E. J. y Barkley, R. A. (1996). *Child psychopathology.* New York: Guilford.

Koegel, L. K., Koegel, R. L. y Harrower, J. K. (1999). Pivotal Response Intervention I: overview of approach. *Research and Practice for Persons with Severe Disabities, 24*(3), 174-185.

Koegel, L. K., Koegel, R. L., Shoshan, Y. y McNerney, E. (1999). Pivotal Response Intervention II: Preliminary Long-Term Outcome Data. *Research and Practice for Persons with Severe Disabities, 24*(3), 186-198.

Lee-Young, R y Bracher, M. (2005). Horsemastership part 2: Physical, psychological, educationaland social benefits.*International Journal of Therapy and Rehabilitation, 12(3),* 120-125.

Leiter, R. G. (1948). Leiter International Performance Scale. 1948. Revision.

Lense, M.D., Beck, S., Liu, C., Pfeiffer, R., Díaz, N., Lynch, M., Goodman, N., Summers, A. y Fisher, M.H. (2020). Parents, peers, and musical play: integrated parent-child music class program supports community participation and well-being for families of children with and without Autism Spectrum Disorder. *Front Psychol.; 11*:555717.

Lerna, A., Esposito, D., Conson, M. y Massagli, A. (2014). Long-term effects of PECS on social-communicative skills of children with autism spectrum disorders: a follow-up study. *International Journal of Language and Communication disorders, 49*(4), 478-485.

Lillard, A. S. (1993). Pretend play skills and the child's theory of mind. *Child development, 64*(2), 348-371.

Lindgren, S., Wacker, D., Suess, A., Schieltz, K., Pelzel, K., Kopelman, T. y Waldron, D. (2016). Telehealth and Autism: Treating Challenging Behavior at Lower Cost. *Pediatrics, 137*(2), 167-175.

Lord, C., Rutter, M. y Le Couteur, A. (1994). Autism Diagnostic Interview-Revised: a revised version of a diagnostic interview for caregivers of individuals with possible pervasive developmental disorders. *Journal of autism and developmental disorders, 24*(5), 659-685.

Lord, C., Risi, S., Lambrecht, L., Cook, E. H., Leventhal, B. L., DiLavore, P. C. y Rutter, M. (2000). The Autism Diagnostic Observation Schedule-Generic: A standard measure of social and communication deficits associated with the spectrum of autism. *Journal of autism and developmental disorders, 30*, 205-223.

Lord, C., Rutter, M., DiLavore, P. C., Risi, S., Gotham, K., Bishop, S. L. y Guthrie, W. (2008). *ADOS. Escala de observación para el diagnóstico del autismo. Tea ediciones.*

Lotter, V. (1966). Epidemiology of autistic conditions in young children: 1. Prevalence. *Social psychiatry, 1,* 124-135.

Lovaas, O. I. (1987). Behavioral treatment and normal educational and intellectual functioning in young autistic children. *Journal of Consulting and Clinical Psychology, 55,* 3-9.

Lovaas, O. I., Koegel, R. L., Simmons, J. Q. y Long, J. (1973). Some generalization and follow-up measures on autistic children in behavior therapy. *Journal of Applied Behavior Analysis, 6,* 131-166.

Lovaas, O. I., y Smith, T. (1988). Intensive behavioral treatment for young autistic children. In: *Advances in clinical child psychology* (pp. 285-324). Boston, MA: Springer US.

Lovaas, O. I. y Smith, T. (2003). Early and intensive behavioral intervention in autism.

Lovaas, O. (1979). *El niño Autista.* Madrid: Debate.

Luciano, M.C. (1997). *Manual de Psicología Clínica. Infancia y Adolescencia.* Valencia: Promolibro.

Maldonado, A.L. (2019). *Técnicas de Modificación de Conducta.* Granada: Alborán Editores.

Maldonado, A.L. (2001). *Introducción a la Psicología Clínica Aplicada.* Granada: Alborán Editores.

Maldonado, A.L. (2020). *Análisis Funcional y Planificación del Tratamiento Psicológico.* Granada: Alborán Editores.

Maldonado, A.L. (2020). *Psicopatología y Psicodiagnóstico.* Granada: Alborán Editores.

Maldonado, A.L. (2020). *Evaluación y Psicodiagnóstico.* Granada: Alborán Editores.

McClellan, L.; Pedapati, E.; Wink, L. y Erickson, C. (2016). Evidence-Based Pharmacotherapy for Autism Spectrum Disorders. *Curr. Treat. Options Psych., 3 (2),* pp. 161-181.

McCrimmon, A. y Rostad, K. (2014). Test review: Autism diagnostic observation schedule, (ADOS-2) manual (Part II): Toddler module. *Journal of Psychoeducational assessment, 32*(1), 88-92.

Mahoney, G. y Perales, F. (2003). Using Relationship-Focused Intervention to Enhance the Social-Emotional Functioning of Young Children with Autism Spectrum Disorders. *Topics in Early Childhood Special Education, 23*(2), 77-89.

Mahoney, G., Perales, F., Wiggers, B. y Herman, B. (2006). Responsive Teaching: Early intervention for children with Down syndrome and other disabilities. *Down Syndrome Research and Practice, 11,* 18-28.

Marchesi, A., Paula, C.S., Fombonne, E., Gadia, C., Tuchman, R., y Rosanoff, M. (2011). Autism in Brazil: perspectives from science andsociety. *Rev Assoc Med Bras, 57(1),* 2-5.

Marcus, R.N.; Owen, R.; Manos, G.; Mankoski, R.; Kamen, L.; McQuade, R.D. et al.(2011). Safety and tolerability of aripiprazole for irritability in pediatric patients with autistic disorder: a 52-week, open-label, multicenter study. *J. Clin. Psychiatry, 72 (9),* 1270-1276.

Martos, J., y Martínez, C. (2001). Autismo: Una Revisión desde la Investigación Actual. *Psykhe: Revista de la Escuela de Psicología.*

Martos, J. y Llorente, M. (2013). Tratamiento de los trastornos del espectro autista: unión entre la comprensión y la práctica basada en la evidencia.*Revista de Neurología, 57,* 185-191.

Matson, J., Sipes, M., Fodstad, J. y Fitzgerald, M. (2011). Issues in the management of challenging behaviours of adults with autism spectrum disorders. *CNS Drugs, 25*(7), 597-606.

Matute, E., Rosselli, M., Ardila, A. y Ostrosky, F. (2007). Evaluación Neuropsicológica Infantil—ENI (Child Neuropsychological Assessment). *Mexico DF, Mexico: Manual Moderno/Universidad de Guadalajara/UNAM.*

Mayes, S.D.; Waxmonsky, J.G.; Baweja, R.; Mattison, R.E.; Memon, H.; Klein, M. et al. (2020). Symptom scores and medication treatment patterns in children with ADHD versus autism. *Psychiatry Research, 288,* p. 112937

McConachie, H., Randle, V., Hammal, D. y Le Couteur, A. (2005). A controlled trial of a training course for parents of children with suspected autism spectrum disorder. *Journal of Pediatrics, 147*(3), 335-340.

Mendoza, E. y Muñoz, J. (2005). Del trastorno específico del lenguaje al autismo. *Revista de Neurología, 41,* 91-98.

Mesibov, G., Shea, V. y Schopler, E. (2004). *The TEACCH approach to autism spectrum disorders.* Nueva York: Springer.

Molina, A.M. (2003). La observación. En Adolfo J. Cangas, Antonio L. Maldonado y Manuel López (Eds.), *Manual de psicología clínica y general, vol. I* (pág. 219-37). Granada: ALBORAN Editores.

Mulas, F., Ros-Cervera, G., Millá, M. G., Etchepareborda, M. C., Abad, L. y Téllez de Meneses, M. (2010). Modelos de intervención en niños con autismo. *Revista de Neurología, 50*(3), 77-84.

Myers, S. (2007). The status of pharmacotherapy for autism spectrum disorders. *Expert opinion in pharmacotherapy, 8*(11), 1579-1603.

Myers, S., y Johnson, C. (2007). Management of children with autism spectrum disorders. *Pediatrics, 120*(5), 1162-1182.

Nedelcu, D. G. y Buceta, M. J. (2011). *Intervención en los trastornos generalizados del desarrollo.* En M. J. Buceta (Ed). *Manual de atención temprana*_(pp. 151-171). Madrid: Síntesis.

Nikoo, M.; Radnia, H.; Farokhnia, M.; Mohammadi, M.R. y Akhondzadeh, S. (2015). N-acetylcysteine as an adjunctive therapy to risperidone for treatment of irritability in autism: a randomized, double-blind, placebocontrolled clinical trial of efficacy and safety. *Clin. Neuropharmacol., 38 (1),* pp. 11-17.

Padilla Alonso, N. y Machin Berges, L. (2020). La musicoterapia en niños y niñas con autismo: la terapia Benenzon.

Pendry, P. y Roeter, S. (2013). Experimental Trial Demonstrates Positive Effects of Equine Facilitated Learning on Child Social Competence.*Human-Animal Interaction Bulletin,1(1),*1-19.

Panerai, S., Zingale, M., Trubia, G., Finocchiaro, M., Zuccarello, R., Ferri, R. y Elia, M. (2009). Special education versus inclusive education: the role of the TEACCH program. *Journal of Autism and Developmental Disorders, 3* (6), 874-882.

Peak, H. (1932). Review of Mental Measurement of Preschool Children with a Guide for the Administration of the Merrill-Palmer Scale of Mental Tests.

Pendry, P., Carr, A. M.,Smith, A. N. y Roeter, S. M. (2014). Improving Adolescent Social Competence and Behavior: A Randomized Trial of an 11-Week Equine Facilitated LearningPrevention Program. *The Journal of Primary Prevention, 35(4)*, 281-293.

Pendry, P. y Roeter, S. (2013). Experimental Trial Demonstrates Positive Effects of EquineFacilitated Learning on Child Social Competence.*Human-Animal Interaction Bulletin,1(1)*, 1-19.

Peñafiel, F., Domingo, J.,Fernández, JD. y Navas, JL. (1.998): *Cómo intervenir en Educación Especial, resolución de casos prácticos.* Granada. Adhara.

Pérez, M. D. L. L. A., y Pérez, R. B. (2018). Alternativas de tratamiento en los trastornos del espectro autista: una revisión bibliográfica entre 2000 y 2016. *Revista de psicología clínica con niños y adolescentes, 5*(1), 22-31.

Polaino, A., Domenech, E. y Cuxart, F. (1.997). *El impacto del niño autista en la familia.* España: Instituto de ciencias para la familia.

Popow, C., Ohmann, S. y Plener, P. (2021). Practitioner's review: medication for children and adolescents with autism spectrum disorder (ASD) and comorbid conditions. *Neuropsychiatry, 35(3)*, 113-134.

Preston, D. y Carter, M. (2009). A Review of the Efficacy of the Picture Exchange Communication System Intervention. *Journal of Autism and Developmental Disorders, 39*, 1471-1486.

Prior, M. R. (1987). Biological and neuropsychological approaches to childhood autism. *The British Journal of Psychiatry, 150*(1), 8-17.

Quiroz, Jiménez, Mazo, Campos y Molina (2005). From kids and horses: Equine facilitatedpsychotherapy for children.*International Journal of Clinical and HealthPsychology,5*(2),373-383.

Rabeyron, T., Robledo del Canto, J.P., Carasco, E., Bisson, V., Bodeau, N., Vrait, F.X., Berna, F. y Bonnot O. (2020). A randomized controlled trial of 25 sessions comparing music therapy and music listening for children with autism spectrum disorder. *Psychiatry Res.; 293:*113377.

Raven, J.C. (1990). *Test de matrices progresivas.* Paidós.

Raymond, G. V., Bauman, M. L. y Kemper, T. L. (1995). Hippocampus in autism: a Golgi analysis. *Acta neuropathologica, 91,* 117-119.

Reyesa, E., y Pizarrob, L. (2022). Rol de la terapia farmacológica en los trastornos del espectro autista. *Epilepsia, 1*(3), 20-34.

Ribes, E. (1967). *Técnicas de Modificación de Conducta: su aplicación al retardo en el desarrollo.*México: Trillas.

Rivière, A. (1998). Inventario de espectro autista (IDEA). Tratamiento y definición del espectro autista I y II. Rivière, A. y Martos, J. (comp.). *El tratamiento del autismo. Nuevas perspectivas.* Madrid: Ministerio de Trabajo y Asuntos Sociales.

Rimland, B. (1964). *Infantile autism.*

Rinehart, N. J., Bradshaw, J. L., Moss, S. A., Brereton, A. V. yTonge, B. J. (2001). A deficit in shifting attention present in high-functioning autism but not Asperger's disorder. *Autism, 5*(1), 67-80.

Roberts, J. M. (2004). *A review of the research to identify the most effective models of best practice in the management of children with autism spectrum disorders.* Sydney: Centre for Developmental Disability Studies.

Robins, D., Frein, D. y Barton, M. *M-CHATR/F (Internet). Adaptación por el Equipo TEA UC.(2017).* M-CHAT-R/F. Español-Chile. Disponible en: http://www. mchatscreen.com/wp-content/uploads/2017/01/M-CHAT-R_F_Espanol-Chile2017. pdf.

Rodier, P. M., Ingram, J. L., Tisdale, B., Nelson, S. y Romano, J. (1996). Embryological origin for autism: developmental anomalies of the cranial nerve motor nuclei. *Journal of Comparative Neurology, 370*(2), 247-261.

Rothärmel, M.; Szymoniak, F.; Pollet, C.; Beherec, L.; Quesada, P.; Leclerc, S. et al. (2018). Eleven Years of Clozapine Experience in Autism Spectrum Disorder: Efficacy and Tolerance. *J. Clin. Psychopharmacol., 38 (6),* pp. 577-581.

Rutter, M., Bailey, A. y Lord, C. (2005). SCQ Cuestionario de comunicación social. *Madrid: TEA ediciones.*

Sánchez, JF., Botias, F. e Higueras, AM. (1.998): *Supuestos prácticos en Educación Especial.* Madrid. Escuela Española.

Sánchez Contreras, N., Alcaraz Córdoba, T. y López Rodríguez, M.M. (2021). Utilización de técnicas complementarias en niños con trastornos del espectro autista: una revisión sistemática. *Therapeía; 14:* 45-77.

Scahill, L.; McCracken, J.T.; King, B.H.; Rockhill, C.; Shah, B.; Politte, L. *et al.*(2015). Research Units on Pediatric Psychopharmacology Autism Network. Extended-Release Guanfacine for Hyperactivity in Children with Autism Spectrum Disorder. *American Journal Psychiatry, 172* (12), 1197-1206.

Schopler, E., Reichler, R. J., DeVellis, R. F. y Daly, K. (1980). Toward objective classification of childhood autism: Childhood Autism Rating Scale (CARS). *Journal of autism and developmental disorders.*

Schopler, E., Reichler, R. J. y Renner, B. R. (2010). *The childhood autism rating scale (CARS).* Los Angeles, CA: Western Psychological Services.

Schreibman, L., Charlop, M. H. y Milstein, J. P. (1993). Autism: Behavioral treatment. *Handbook for behavior therapy and pharmacotherapy for children: a comprehensive analysis,* 149-170.

Schroeder, S. R., LeBlanc, J. M. yMayo, L. (1996). Brief report: A life-span perspective on the development of individuals with autism. *Journal of Autism and Developmental Disorders, 26,* 251-255.

Sharda, M.;Tuerk, C.; Chowdhury, R.; Jamey, K.; Foster, N.;Custo-Blanch, M.; Tan, M.;Nadig, A. y Hyde, K. (2018). Music improves social communication and auditory-motor connectivity in children with autism. *Transl. Psychiatry, 8(1):*231.

Shea, V. (2005). A perspective on the research literature related to early intensive behavioral intervention (Lovaas) for young children with autism. *Communication Disorders Quarterly, 26*(2), 101-111.

Siegel, M.; Beresford, C.A.; Bunker, M. Verdi, M.; Vishnevetsky, D.; Karlsson, C. et al. (2014). Preliminary investigation of lithium for mood disorder symptoms in children and adolescents with autism spectrum disorder. *Journal Child Adolescent Psychopharmacology, 24 (7)*, 399-402.

Sparks, B. F., Friedman, S. D., Shaw, D. W., Aylward, E. H., Echelard, D., Artru, A. A. yDager, S. R. (2002). Brain structural abnormalities in young children with autism spectrum disorder. *Neurology, 59*(2), 184-192.

Stigler, K.A.; Mullett, J.E.; Erickson, C.A.; Posey, D.J. y McDougle, C.J. (2012). Paliperidone forirritability in adolescents and young adults with autistic disorder. *Psychopharmacology (Berl.), 223 (2)*, 237-245.

Stone, W.L. y Hogan, K.L. (1993). A structured parent interview for identifying young children with autism. *Journal of Autism and Developmental Disorders*, 23, 639-652.

Stone, W.L., Coonrod, E.E., Pozdol, S.L. y Turner, L.M. (2003). The Parent Interview for Autism- Clinical Version (PIA-CV): A measure of behavioral change for young children with autism. *Autism: The International Journal of Research and Practice*, 7, 9-30.

Sussman, F. (1999). *More than words: helping parents promote communication and social skills in children with autism spectrum disorders.* Toronto: Hanen Centre.

Tamarit J. (1994). *Prueba ACACIA.* Madrid: Alcei.

Tan, J. y Harris, P. L. (1991). Autistic children understand seeing and wanting. *Development and psychopathology, 3*(2), 163-174.

Ulrich, R. y Stachnick, T. (1978). *Control de la Conducta Humana.* México. Trillas.

Uzgiris, I., Hunt, J. yMcV. (1975). *Assessment in Infancy-Ordinal Scales of Psychological Development.* University of Illinois Press.

Varni, J.W.; Handen, B.L.; Corey-Lisle, P.K.; Guo, Z.; Manos, G.; Ammerman, D.K. *et al.*(2012). Effect of aripiprazole 2 to 15 mg/d on health-related quality of life in the treatment of irritability associated with autistic disorder in children: a post hoc analysis of two controlled trials. *Clin Ther., 34*(4), 980-992.

Vasa, R.A.; Mazurek, M.O.; Mahajan, R.; Bennett, A.E.; Bernal, M.P.; Nozzolillo, A.A. et al. (2016). Assessment and Treatment of Anxiety in Youth with Autism Spectrum Disorders. *Pediatrics, 137 (Suppl. 2),* pp. S115-S123.

Velarde-Incháustegui, M., Ignacio-Espíritu, M. E. y Cárdenas-Soza, A. (2021). Diagnóstico de Trastorno del Espectro Autista-TEA, adaptándonos a la nueva realidad, Telesalud. *Revista de Neuro-Psiquiatría, 84*(3), 175-182.

Vicente, A. (2015). ProjetoEuropeu ASDEU (Autism Spectrum Disorders in Europe). Portugal. Instituto Nacional de Saúde Doutor Ricardo Jorge. IP. Recuperado en: http://www.insa.pt/sites/INSA/Portugues/ComInf/Concursos/Paginas/BPDASDEU.aspx.

Vicente M., Paredes I., Gavín P. y Martín J. (2016). *Programa de actividades de detección precoz de problemas de salud entre los 0 y 14 años. Coste-efectividad de las diferentes alternativas existentes en la detección precoz de los trastornos del espectro autista (TEA).* Informes de Evaluación Técnicas Sanitarias: IACS. Madrid: Ministerio de Sanidad.

Villa, S., Micheli, E., Villa, L., Pastore, V., Crippa, A. y Molteni, M. (2010). Further empirical data on the psychoeducational profile-revised (PEP-R): reliability and validation with the Vineland adaptive behavior scales. *Journal of autism and developmental disorders, 40*, 334-341.

Vismara, L. y Rogers, S. (2010). Behavioral Treatments in Autism Spectrum Disorder: What Do We Know? *Annual Review of Clinical Psychology, 6,* 447- 468.

Vives, M.C. (2005). Intervención conductual en un caso de retraso mental. *Análisis y Modificación de Conducta, Vol. 31, Núm., 139,* pp.: 629-649.

Vogan, V. M., Morgan, B. R., Leung, R. C., Anagnostou, E., Doyle-Thomas, K. y Taylor, M. J. (2016). Widespread White Matter Differences in Children and Adolescents with Autism Spectrum Disorder. *Journal of Autism and Developmental Disorders, 46(6),* 2138-2147.

Volkmar, F. R. y Mcpartland, J. C. (2014). From Kanner to DSM-5: Autism as an Evolving Diagnostic Concept. *Annual Review of Clinical Psychology, 10*(1), 193-212.

Volker, M. A., y Lopata, C. (2008). Autism: a review of biological bases, assessment and intervention. *School Psychology Quarterly, 23*(2), 258-270.

Ward, S., Whalon, K., Rusnak, K., Wendell, K. y Paschall, N. (2013). The association between therapeutic horseback riding and the social communication and sensory reactions of childrenwith autism. *Journal Of Autism And Developmental Disorders, 43(9),* 2190–2198.

Weschler, D. (1945). *A standarized memory scale for clinical use.* Journal of Psychology, 19, 87-95.

Wechsler, D. (2004). *WPPSI-III. Wechsler Preeschool and Primary Scale of Intelligence-Third Edition Manual.* San Antonio de Texas: Psychological Corporation, 345.

Wechsler, D.; de la Guía, E. y Vallar, F. (2012). *WAIS-IV: Escala de Inteligencia de Wechsler para adultos-IV.* Madrid: Pearson.

Wechsler, D. (2014). *WISC-V: Technical and interpretative manual.* NCS Pearson, Incorporated.

Wicks-Nelson, R. e Israel, A. C. (1997). Autism and schizophrenia. *Behavior disorders of childhood, 3.*

Wimmer, H. y Perner, J. (1983). Beliefs about beliefs: Representation and constraining function of wrong beliefs in young children's understanding of deception. *Cognition, 13*(1), 103-128.

Wing, L. (1988). The continuum of autistic characteristics. In: *Diagnosis and assessment in autism* (pp. 91-110). Boston, MA: Springer US.

Wing, L. (1993). The definition and prevalence of autism: A review. *European child y adolescent psychiatry, 2,* 61-74.

Wing, L. y Gould, J. (1979). Severe impairments of social interaction and associated abnormalities in children: Epidemiology and classification. *Journal of autism and developmental disorders, 9*(1), 11-29.

Wink, L.K.; Adams, R.; Pedapati, E.V.; Dominick, K.C.; Fox, E.; Buck, C. et al. (2017). Brief Report: Metformin for Antipsychotic-Induced Weight Gain in Youth with Autism Spectrum Disorder. *J. Autism Dev. Disord., 47 (7)*, 2290-2294.

Wink, L.K.;Badran, I.; Pedapati, E.V.; Sorensen, R.; Benton, S.C.; Johnson, M.C, et al. (2016). Clozapine for Drug-Refractory Irritability in Individuals with Developmental Disability. *J. Child Adolesc. Psychopharmacol., 26*(9), 843-846.

Wink, L.K.; Adams, R.; Wang, Z.; Klaunig, J.E.; Plawecki, M.H.; Posey, D.J. *et al.*(2016). A randomized placebo-controlled pilot study of N-acetylcysteine in youth with autism spectrum disorder. *Mol.Autism., 7,* p. 26.

Yang, Q., Huang, P., Li, C., Fang, P., Zhao, N., Nan, J. y Cui, L. (2018). Mapping alterations of gray matter volume and white matter integrity in children with autism spectrum disorder. *NeuroReport, 29(14),* 1188-1192.

Yirmiya, N. y Shulman, C. (1996). Seriation, conservation, and theory of mind abilities in individuals with autism, individuals with mental retardation, and normally developing children. *Child Development, 67*(5), 2045-205.